Keine ZEIT zu GÄRTNERN

EASY ERNTEGLÜCK IM HOCHBEET

Keine ZEIT zu GÄRTNERN

EASY ERNTEGLÜCK IM HOCHBEET

Mit Beetplänen, Profi-Tipps & Gemüse-Porträts

Jessica Achtsnicht

EMF

EIN BUCH DER EDITION MICHAEL FISCHER

INHALT

Grundlagen

Keine Zeit zu planen

Keine Zeit zum Vorziehen

Keine Zeit zu pflegen

Keine Zeit zu naschen

VORWORT

Du hast einen Garten oder einen Balkon und hättest richtig Lust, dich am Anbau von Gemüse, Kräutern und leckerem Obst zu probieren, weißt aber nicht, wie? Oft höre ich, dass es doch mit Sicherheit sehr aufwändig und zeitintensiv sein muss. Aber soll ich dir etwas sagen? Das muss es nicht unbedingt sein. Vor allem nicht mit einem Hochbeet!

In diesem Buch möchte ich dir ein paar Tipps und Tricks mit auf den Weg geben, wie du deinen Garten, Balkon und insbesondere deine Hochbeete pflegeleicht gestalten kannst und dir deine grüne Oase so anlegen kannst, dass es auch „von selber läuft“, solltest du mal keine Zeit zu gärtnern haben.

Ich selbst würde gerne manchmal mehr Zeit im Garten verbringen, aber neben Job, Familie und dem alltäglichen Wahnsinn ist das nicht immer möglich. Und trotzdem sprießt es in meinen Hochbeeten in saftigem Grün, die Tomaten gedeihen prächtig, und es gibt wirklich einiges zu ernten. Also: Mach dir keinen Stress, solltest du wenig Zeit für Gartenarbeiten haben. Dein Gemüsegarten wird trotzdem gedeihen und dir viel Freude machen!

Deine Jessi

KAPITEL 01

Grund-LAGEN

Vielleicht stehst du ja gerade vor der Frage: Hochbeet – ja oder nein? Ich liebe Hochbeete sehr und werde dir auf den folgenden Seiten berichten, warum sie so wunderbar sind!

WARUM HOCHBEETE EINFACH TOLL SIND

Es gibt verschiedene Arten, um eigenes Gemüse im Garten oder auf dem Balkon anzubauen. Ob direkt im Boden, in Kübeln oder in einem Hochbeet – dein Gemüse lässt sich, wenn du einige Punkte beachtest, eigentlich fast überall anbauen. Aber was soll ich dir sagen: Ich bin absolut Hochbeet-verliebt!

DIE VORTEILE

→ Der Gemüseanbau im Hochbeet ist viel rückenschonender. Ob jung oder alt – verbringst du den ganzen Tag im Garten, kniend oder in gebückter Haltung, sind Rückenschmerzen schon vorprogrammiert. Mit einem Hochbeet gehören sie aber der Vergangenheit an. Toll, oder?

→ Die Erde im Hochbeet ist in den meisten Fällen viel besser als der Mutterboden. Die Aussaat und das Unkrautjäten gehen dir somit bei einem Hochbeet viel leichter von der Hand.

→ Ein Hochbeet ist im Prinzip wie ein großer Komposter. Wenn du dein Hochbeet füllst, kannst du als Erstes deinen alten Kompost hineinfüllen und ihn weiter kompostieren lassen.

→ Die Erde ist durch den eingearbeiteten Kompost und die verschiedenen Schichten sowie deren Verrottungsprozess immer ein paar Grad wärmer als in einem normalen Bodenbeet. Die Schichtung fungiert wie eine Art natürliche Heizung. Aus diesem Grund sind eine frühere Aussaat und erheblich höhere Erträge als im normalen Beet möglich.

→ Aufgrund der unterschiedlichen organischen Materialien, mit denen ein Hochbeet befüllt wird, wird die Humusbildung angeregt. Somit werden über die Jahre immer mehr Nährstoffe in die Erde abgegeben.

→ Es kann überall aufgebaut werden, auch auf unebenem Boden. Ist dein Boden beispielsweise stark durchwurzelt von Bäumen oder Sträuchern, kannst du dank des Hochbeetes trotzdem Gemüse anbauen.

→ Du hast weniger Schnecken in deinem Beet – natürlich vorausgesetzt, dass du einen entsprechenden Schutz um dein Hochbeet baust. Denn wenn leckeres, junges Gemüse lockt, dann nehmen Schnecken auch gerne einen beschwerlichen Weg auf sich.

TIPP

Ein Kupferband oder ein batteriebetriebener Schneckenstopp an deinem Hochbeet halten gefräßige Schnecken zuverlässig fern.

DIE NACHTEILE

→ Ganz klar: Der zeitliche Aufwand sowie der kräftezehrende Aspekt beim Aufbau. Steht das Hochbeet aber erst einmal, wirst du es lieben.

→ Den finanziellen Aufwand solltest du auch nicht außer Acht lassen. Allerdings gibt es kostengünstige, schnell aufzubauende Hochbeet-Varianten.

DIE BELIEBTESTEN HOCHBEET-VARIANTEN

Du kannst dein Hochbeet in vielen verschiedenen Varianten bauen oder kaufen. Ich gebe dir hier eine Übersicht darüber, welche Materialien für den Bau eines Hochbeetes genutzt werden können. Einige Varianten sind auch ganz fix aufgebaut.

DU HAST DIE QUAL DER WAHL

→ Du kannst dein Hochbeet aus **Europaletten** bauen, das geht schnell und ist relativ kostengünstig.

→ Ein Hochbeet aus **Terrassenhölzern** ist schnell gebaut und sieht dazu auch noch richtig gut aus.

→ Hast du **Steine** über? Na dann, bau dir doch ein Steinhochbeet daraus. Ein witterungsbeständigeres Material wirst du nicht finden.

→ Kennst du die **Komposter aus Holz oder Metall?** Sie lassen sich auch ganz toll in ein Hochbeet umwandeln.

DAS SPART ZEIT!

Du hast keine Zeit, ein eher aufwendiges Hochbeet zu bauen? Dann habe ich hier zwei Hochbeet-Varianten, die wirklich super schnell aufgebaut sind.

→ Hast du schon mal von **Palettenrahmen** gehört? Eigentlich sind es Holzrahmen, die auf Europaletten gesetzt werden. Im Baumarkt werden sie allerdings oft als Hochbeetrahmen verkauft. Setzt du 3–4 von diesen übereinander, hast du ein ganz tolles Hochbeet. Diese Variante ist im Übrigen auch das Turbo-Hochbeet, wenn du mal keine Zeit zum Gärtnern oder zum Hochbeetbau hast.

→ Fertige Hochbeete aus **Metall** sind neben den Palettenrahmen-Hochbeeten auch super schnell zusammengebaut. Sie sind dazu noch sehr langlebig und sehen richtig schick aus.

VIELFÄLTIG UND LANGLEBIG

Im Prinzip kannst du aus fast jedem Material ein Hochbeet bauen. Achte allerdings darauf, dass es witterungsbeständig ist, damit du auch noch nach ein paar Jahren deine Freude daran hast. Verwendest du Holz für den Bau deines Hochbeetes, solltest du es auf jeden Fall mit einer guten Holzlasur lasieren.

LASS UNS EIN HOCHBEET BAUEN!

Ich baue gefühlt jedes Jahr ein Hochbeet und jeder einzelne Bau hat mich so sehr begeistert, weil ich an Erfahrung dazugewinnen konnte. Daher möchte ich dir hier einige Tipps und Anregungen geben, falls du auch vor einem so tollen Projekt stehen solltest.

VORBEREITUNGEN FÜR DEN HOCHBEETBAU

Bevor ich dich Schritt für Schritt anleite, wie du dein Hochbeet bauen kannst, gibt es noch ein paar Dinge zu bedenken.

DER RICHTIGE STANDORT

Wähle den Standort deines Hochbeetes mit Bedacht. Wie ich schon bereits erwähnt habe, ist ein Hochbeet nicht so ohne Weiteres wieder abgebaut. Schau, dass du einen Ort findest, an dem du genug Platz drum herum hast. Ich habe am Anfang den Fehler gemacht, alles etwas zu eng aneinanderzusetzen. Sobald die Hochbeete dann üppig bewachsen waren, kam ich nur noch schlecht an einige Beetbereiche heran.

Da die meisten Kulturen viel Licht zum Wachsen brauchen, achte darauf, dass sich der Standort nicht den ganzen Tag im Schatten befindet. Ein sonniges Plätzchen eignet sich da eher. Bei uns steht zum Beispiel ein Kirschbaum direkt am Hochbeet, allerdings wirft er erst ab ca. 17 Uhr seinen Schatten auf das Beet, was für meine Pflanzen ideal ist.

Ein weiterer Punkt wäre der Wind. An einem eher windgeschützten Platz werden sich deine Pflanzen in ihrem Beet sehr wohlfühlen, denn viele Kulturen mögen es nicht so windig an ihrem Standort.

DEN BODEN VORBEREITEN

Ist der perfekte Standort gefunden, solltest du als Erstes den Boden vorbereiten, bevor du mit dem Bau deines Hochbeetes beginnst. Schau, dass er eben ist und entferne die Grassoden – sollten welche vorhanden sein. Lege sie zur Seite, denn du kannst sie später zur Befüllung weiter nutzen.

DIE GRÖSSE PLANEN

Mach dir vorab Gedanken, wie groß dein Hochbeet werden soll. Bei mir hat sich eine Größe von 1 x 2 m bewährt, aber natürlich muss es auch zu deinen Gegebenheiten im Garten passen.

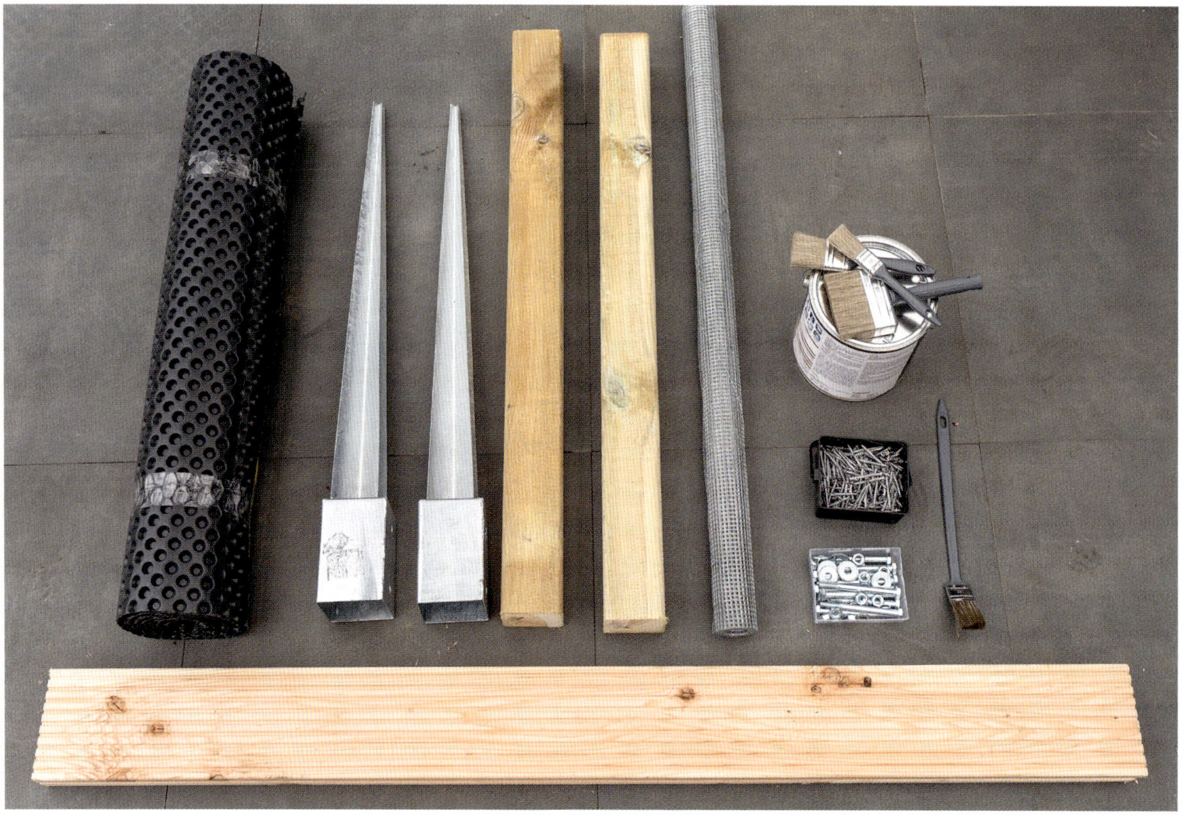

DAS BENÖTIGST DU FÜR DEIN HOCHBEET

- Je nachdem wie dein Hochbeet aussehen soll, benötigst du **Europaletten, Terrassendielen** oder **Steine.**
- Bei einem Hochbeet aus Terrassendielen benötigst du zusätzlich 6–8 **Holzpfosten** à 7 x 7 cm. Die Länge der Pfosten variiert dahingehend, wie hoch dein Hochbeet werden soll.
- Eine **Noppen- oder Teichfolie** ist für mich ein absolutes „Must Have" im Hochbeet, daran solltest du wirklich nicht sparen – vor allem dann nicht, wenn dein Beet aus Holz bestehen sollte. Die Folie schützt das Holz vor Verrottung und es hält somit viel länger. Sie sollte unbedingt UV-beständig sein.
- Ein **Wühlmausgitter**! Auch wenn du jetzt noch keinen Besuch von Wühlmäusen hattest, heißt das nicht, dass es so bleibt … Diese Tiere lieben es, sich durch Hochbeete zu graben.
- **Einschlaghülsen, Schrauben** und **Tackerklammern** zur Befestigung.
- Eine **Gewindestange** oder einen dickeren **Draht**, um die Seiten in der Mitte des Hochbeetes miteinander zu verbinden und dem Hochbeet eine

Noppen-folie

Wühlmaus-gitter

gewisse Stabilität zu geben. Ist das Beet mit Erde gefüllt, drückt sich die Füllung gegen die Außenwände deines Hochbeetes und im schlimmsten Fall würden sie sich nach außen wölben.

→ Eine gute **Holzlasur**, damit du auch noch nach Jahren etwas von deinem Hochbeet hast.

TIPP

Spare nicht an der Anzahl der Schrauben sowie an Holzlasur und Folie. Da das Holz in Kontakt mit feuchter Erde ist, würde es schnell morsch werden und du hättest nicht sehr lange Freude daran.

DARAUF SOLLTEST DU ACHTEN

→ Direkt zu Anfang sollte eine ganz wichtige Frage geklärt sein: Wo soll das Hochbeet stehen? Ist es erst einmal aufgebaut, lässt es sich nur mit sehr viel Aufwand wieder verstellen.

→ Achte auf die Bauhöhe. Sie sollte deiner Körpergröße angepasst sein, damit du auch an alle Stellen ohne große Hindernisse herankommst.

→ Such dir eine Stelle im Garten aus, die tagsüber nicht komplett im Schatten liegt, damit du im Hochbeet sonnenliebendes Gemüse anbauen kannst.

→ Lass um das Hochbeet genug Platz, damit du von allen Seiten an dein Gemuse gelangen kannst.

Jetzt geht's los!

01 HOLZSCHUTZ

Da das Hochbeet aus Holz besteht, ist es wichtig, dieses vor der Witterung zu schützen. Dafür nimmst du eine geeignete Holzschutzlasur und lasierst die Terrassendielen auf beiden Seiten. Ich empfehle dir, die Prozedur – natürlich dann nur noch an den Außenseiten – einmal jährlich zu wiederholen. So hast du noch lange Freude an deinem Hochbeet.

02 BODENHÜLSEN EINSCHLAGEN

Miss genau aus, wo du anfangen möchtest, und positioniere deine Einschlaghülsen. Ich habe mich mit einer Terrassendiele beholfen, um einen perfekten rechten Winkel zu erhalten. Nimm dir dafür Schraubzwingen zur Hilfe, dann fällt dir das Positionieren der Einschlaghülsen leichter. Deine positionierten Einschlaghülsen kannst du mithilfe eines schweren Hammers oder eines Fäustlings in die Erde schlagen. Ich habe dazu ein Stück Bohle genutzt, dann gelingt das Einschlagen einfacher und die Einschlaghülsen werden nicht gleich beschädigt.

03 TERRASSENDIELEN MONTIEREN

Im nächsten Schritt setzt du die Bohlen in die Einschlaghülsen, befestigst diese allerdings noch nicht sofort. Bevor du das nämlich tust, montierst du die ersten Terrassendielen, um ein wenig Stabilität in das Ganze zu bringen. Außerdem kannst du so die Balken richtig ausrichten, bevor du sie final an den Einschlaghülsen befestigst. Benutze für die Verschraubung am besten Edelstahl-Schrauben, die rosten nicht und das sorgt für eine längere Haltbarkeit.

04 BALKEN AN DEN EINSCHLAGHÜLSEN MONTIEREN

Sind die Terrassendielen montiert und alles ist soweit ausgerichtet, werden die Balken an den Einschlaghülsen befestigt. Dafür werden Löcher durch den Balken vorgebohrt. Mit einer Sechskantschraube, die mit einer Ratsche festgezogen wird, in Kombination mit einer Unterlegscheibe, hält der Balken bombenfest.

05 WÜHLMAUSGITTER VERLEGEN UND BEFESTIGEN

Nun folgt das Wühlmausgitter. Schau, dass du ein sehr stabiles, nicht zu dünnes Gitter nimmst. Außerdem sollten die Maschenabstände nicht zu groß sein, da dir die Mäuse ansonsten durchschlüpfen werden. Das Gitter kannst du einfach mit einer Blechschere zuschneiden und mit einem Handtacker oder mit Spenglerschrauben (das sind Torxschrauben mit einer Gummidichtung) befestigen. Führe das Gitter mindestens 15 bis 20 cm an den Seiten hoch und spare nicht mit den Tackerklammern, damit das Gitter schön flach am Holz aufliegt. Wenn du das Gitter überlappen musst, dann spare auch hier nicht unbedingt am Gitter. Du wirst es mir später danken.

06 NOPPEN-/TEICHFOLIE BEFESTIGEN

Befestige die Folie mit Schrauben und Dichtscheiben an der Innenseite deines Hochbeetes. Nutzt du wie ich eine Noppenfolie, lasse die Noppen nach außen zur Holzseite zeigen, sodass eine gute Durchlüftung zwischen Holz und Folie gewährleistet ist. Somit ist das Holz vor Verwitterung und Verschleiß optimal geschützt.

07 UMRANDUNG ANBRINGEN

Die Umrandung ist kein Muss, aber doch sehr praktisch. Du kannst sie aus den gleichen Dielen bauen, die du auch für dein Hochbeet verwendet hast. Sie rundet die Optik des Hochbeetes ab und du kannst auf ihr mal eine Schaufel ablegen oder eine Gießkanne abstellen. Schneide die Enden mit einer Gehrungssäge zu, dann hast du einen schönen Abschluss in den Ecken – wie du es hier auf dem Bild sehen kannst. Du kannst die Umrandung mit Winkeln an den Balken von unten befestigen.

08 BEFÜLLUNG

Das Hochbeet ist fertig und als nächster Step steht die Befüllung an. Was du dafür benötigst und worauf du dabei achten solltest, erfährst du auf den nächsten Seiten.

DIE FÜLLUNG MACHT'S!

Es gibt verschiedene Arten, wie du dein Hochbeet befüllen kannst. Oft wird der Fehler gemacht, das Beet komplett mit Erde zu füllen – das ist völlig unnötig und auch einfach zu teuer. Meistens wird es mit vier bis sechs verschiedenen Schichten gefüllt. Jede Schicht sollte in etwa 10 bis 25 cm ergeben, je nachdem, wie viel du von den jeweiligen Materialien zur Verfügung hast.

1. SCHICHT

Die erste Schicht dient als Drainage und sollte aus grobem Material bestehen, wie zum Beispiel dünnen Ästen, Holzhäckseln, Zweigen, Steinen. So kann Regenwasser auch gut wieder ablaufen und dir säuft dein Beet nach einem starken Regenschauer nicht ab.

2. SCHICHT

Wenn du volle Komposter im Garten stehen hast, kannst du diese nun komplett im Hochbeet entleeren, denn die zweite Schicht sollte aus halbreifem Kompost bestehen und etwa 30 cm dick sein. Solltest du keinen Kompost zur Verfügung haben, dann kannst du auch eine Hochbeetgrundfüllung verwenden (siehe 3. Schicht).

3. SCHICHT

Die dritte Schicht besteht hier aus Holzhäckseln, die du als Hochbeetgrundfüllung im Baumarkt zu kaufen bekommst. Diese Schicht ist kein Muss! Hast du genug unreifen Kompost zur Verfügung, kannst du auch auf die Holzhackschnitzel verzichten.

4. UND 5. SCHICHT

Die letzten beiden Schichten bestehen aus reifem Kompost und guter Hochbeeterde. Diese Schichten sollten zusammen mindestens 30 cm ergeben.

DIY

RANKGERÜST

Aus nur wenigen Materialien kannst du dir ganz einfach ein Rankgerüst bauen, um Bohnen, Erbsen oder Gurken daran hochzuziehen. Du kannst sie am Hochbeet installieren oder auch direkt in den Boden stecken. Ich zeige dir in wenigen Schritten, wie es geht.

Das benötigst du

- → Tonkinklammern
- → Tonkinstäbe, auch Bambusstäbe genannt, ca. 10–16 mm dick

TIPP

Mit 15–17 mm starken Stangen hält das Rankgitter umso besser. Die Länge solltest du passend zur Größe der gewünschten Rankgittergröße wählen.

So geht's

01 Stecke die ersten Stäbe mit einem Abstand von ca. 10 Zentimetern in die Erde.

02 Bringe die erste Querstrebe mithilfe der Tonkinklammern an. Die Klammer wird vorne und hinten um die sich kreuzenden Streben gelegt.

03 Das wiederholst du jetzt so oft, wie du Querstreben an deinem Rankgitter benötigst. Je mehr Klammern du benutzt, desto stabiler wird das Rankgerüst.

Seed Packet
STORAGE
HOMEGROWN

KAPITEL 02

Keine ZEIT zu PLANEN

Dein Hochbeet steht und nun stellst du dir die Frage, was du darin anbauen kannst und worauf du dabei achten musst? Auf den nächsten Seiten gebe ich dir dazu Tipps und stelle dir ein paar Pflanzen vor, die ohne großen Aufwand in deinem Hochbeet super wachsen werden.

SO PLANST DU EIN GEMÜSEBEET

Dich kribbelt es in den Fingern, du möchtest unbedingt raus und endlich pflanzen? Nimm dir vorher kurz Zeit und mach dir einen Plan. Denn wie sagt man so schön? Gut geplant ist halb geerntet. Ich gebe dir ein paar Tipps und Anregungen mit, wie du dein Beet am besten planst.

DIE „MUSS-ICH-UNBEDINGT-IM-GARTEN-HABEN"-LISTE

Mach dir eine Liste mit den Gemüsesorten, die du gerne anbauen möchtest, denn so hast du alles im Blick. Bist du noch nicht so erfahren im Gemüseanbau, fange erst mit kleinen, einfachen Kulturen an. Denn es wäre doch echt schade, sollten deine ersten Versuche gleich am Anfang scheitern – das würde dir die Lust auf den Gemüseanbau im heimischen Garten rauben.

ZUCCHINI, RADIESCHEN ODER PFLÜCKSALAT SIND TOLLE ANFÄNGERKULTUREN.

DEIN BEET SKIZZIEREN

Skizziere dir dein Beet und zeichne das Gemüse ein, welches in diesem Beet angebaut werden soll. Achte dabei auf die jeweiligen Pflanzabstände, denn eine zu enge Bepflanzung tut deinen Gemüsepflanzen nicht gut und es würde ein Gerangel im Beet um Platz und Licht geben.

WANN IST DER RICHTIGE ZEITPUNKT?

Deine „Muss-ich-unbedingt-im-Garten-haben"-Liste ist fertig und es befinden sich allerlei verschiedene Gemüsesorten darauf? Solltest du dir bereits Saatgut organisiert haben, schau dir die Rückseiten deiner Saatguttütchen genauer an. Dort findest du den richtigen Aussaatzeitpunkt beziehungsweise den richtigen Zeitpunkt für das Auspflanzen vorgezogener Jungpflanzen. Denn der richtige Aussaatzeitpunkt spielt bei der Planung deiner Beete eine wichtige Rolle.

FRUCHTFOLGE/MISCHKULTUR

Außerdem solltest du dir bei deiner Beetplanung ein wenig Gedanken über Fruchtfolgen und Mischkultur machen. Welches Gemüse sollte möglichst nicht nebeneinander gepflanzt werden und was sind eigentlich Starkzehrer? Auf diese Punkte gehe ich auf den nächsten Seiten genauer ein, damit deiner Planung auch wirklich nichts im Wege steht.

FABELHAFTE FRUCHTFOLGE

Ich möchte dir hier die Fruchtfolge in einem Gemüsebeet erläutern. Diese sollte beim Anbau beachtet werden, um einen möglichst hohen Ertrag in einem Beet zu erhalten.

STARK-, MITTEL- UND SCHWACHZEHRER

Es gibt Gemüsesorten, die hohe Ansprüche an die Bodenbeschaffenheit und Düngung haben – diese nennt man Starkzehrer. Dementsprechend sollten sie als Erstes im Beet angebaut werden, wenn noch viele Nährstoffe in der Erde vorhanden sind. Mittelzehrer können danach ins Beet gesetzt werden, denn sie haben keinen ganz so großen Bedarf an Nährstoffen wie die Starkzehrer. Die Schwachzehrer benötigen hingegen keine zusätzlichen Nährstoffe und können am Ende der Anbauperiode im Beet stehen.

Die Tomate gilt als Starkzehrer und benötigt viele Nährstoffe.

Ich habe dir in einer Tabelle alle Stark, Mittel- und Schwachzehrer aufgelistet, um es für dich ein wenig übersichtlicher zu gestalten. So kannst du dein Beet nach dem Nährstoffbedarf deiner Pflanzen planen und zum Beispiel im Frühjahr mit einem Starkzehrer starten, um dann im Spätsommer – nachdem der Starkzehrer das Beet verlassen hat – einen Mittel- oder Schwachzehrer dorthin zu pflanzen.

STARKZEHRER	MITTELZEHRER	SCHWACHZEHRER
→ Artischocken	→ Basilikum	→ Buschbohnen
→ Auberginen	→ Kohlrabi	→ Erbsen
→ Gurken	→ Liebstöckel	→ Feldsalat
→ Lauch	→ Mangold	→ Knoblauch
→ Mais	→ Möhren	→ Kräuter
→ Melonen	→ Rote Bete	→ Portulak
→ Kartoffeln	→ Salat	→ Radieschen
→ Kohl	→ Spinat	→ Rucola
→ Paprika	→ Zwiebeln	
→ Sellerie		
→ Tomaten		

DIE PFLANZENFAMILIEN

Was du außerdem bei deiner Planung beachten solltest, ist die Fruchtfolge in Bezug auf die Pflanzenfamilien. Die Pflanzenfamilie stellt eine Kategorie dar, in die Gemüsesorten mit ähnlichen Eigenschaften eingeordnet werden. Es gibt acht verschiedene Familien. Pflanzen derselben Familie sollten in der Fruchtfolge nicht nacheinander angebaut werden.

Nehmen wir den Kohl als Beispiel: Er ist ein Kreuzblütler, darunter fallen alle Kohlsorten wie Brokkoli, Kohlrabi, Weiß- und Rotkohl, Grünkohl usw. Hattest du im letzten Jahr Kohlrabi in deinem Hochbeet stehen und möchtest du in diesem Jahr einen Rotkohl pflanzen, dann solltest du für diesen einen anderen Platz finden. Bei Kohlsorten sollte sogar eine Pause von mindestens 4 Jahren eingehalten werden, um Krankheiten, wie der Kohlhernie, vorzubeugen.

Damit du einen schnelleren Überblick bekommst, habe ich dir eine Liste mit allen Pflanzenfamilien zusammengestellt. So fällt es dir einfacher, die Fruchtfolge einzuhalten, denn nur so bewahrst du dir einen gesunden Boden für deine Gemüsepflanzen.

Nachtschattengewächse	→ Tomaten → Kartoffeln	→ Paprika → Aubergine	→ Pepino
Kreuzblütler	→ Kohlrabi → Blumenkohl → Brokkoli → Rosenkohl	→ Weiß- und Rotkohl → Grünkohl → Wirsing	→ Chinakohl → Radieschen → Rettich
Schmetterlingsblütler	→ Erbsen	→ Stangenbohnen	→ Buschbohnen
Korbblütler	→ Endivie → Kopfsalat	→ Pflücksalat → Artischocke	→ Chicorée
Kürbisgewächse	→ Kürbis → Melone	→ Gurke	→ Zucchini
Doldenblütler	→ Pastinake → Möhre	→ Sellerie → Fenchel	→ Dill
Gänsefußgewächse	→ Mangold	→ Rote Bete	→ Spinat
Liliengewächse	→ Knoblauch → Zwiebel	→ Schnittlauch → Spargel	→ Lauch / Porree

DIE MISCHUNG MACHT'S!

Bring dein Gemüse zusammen! Auch im Gemüsebeet gibt es Gemeinschaften unter den Kulturen. Einige kommen weniger gut miteinander aus, andere dagegen sogar hervorragend. Das nennt man Mischkultur.

GUTE UND SCHLECHTE BEETNACHBARN

Es gibt einige Pflanzkombinationen, die sich gegenseitig unterstützen und positive Auswirkungen aufeinander haben. So können beispielsweise Krankheiten und Schädlingsbefall gemindert oder gar verhindert werden. Dies sind die guten Beetnachbarn. Schlechte Beetnachbarn dagegen hemmen sich beim Wachstum und das möchten wir natürlich nicht im Gemüsebeet. Also beachte bei deiner Beetplanung, welche Pflanzenkombinationen gut zueinander passen und setze sie auch so in deinem Garten um. Natürlich hast du mit der Pflanzung dieser Mischkulturen keine absolut hundertprozentige Sicherheit, dass du keine Schädlinge im Beet haben wirst, jedoch minimiert sie die Gefahr erheblich.

DIESE PFLANZKOMBINATIONEN SIND BESONDERS BELIEBT

→ Möhren und Zwiebeln: Sie halten sich gegenseitig die Möhren- und Zwiebelfliege fern.

→ Tomaten oder Paprika in Kombination mit Basilikum: Der Basilikum hilft gegen die weiße Fliege und Mehltau bei der Tomate.

→ Bohnen und Bohnenkraut: Bohnenkraut schlägt die schwarze Bohnenlaus zuverlässig in die Flucht.

→ Gurken, Dill und Borretsch: Der Dill fördert die Keimfähigkeit der Gurke, der Borretsch ist eine sehr beliebte Nahrungsquelle für Bienen und lockt so zahlreiche Bestäuber zur Gurke.

→ Erdbeeren und Knoblauch: Der Knoblauch schützt die Erdbeeren vor Pilzkrankheiten.

→ Sellerie und Kohl: Der Sellerie schützt den Kohl vor der Kohlfliege sowie Kohlblattläusen.

TIPP

Kapuzinerkresse wirkt praktisch wie ein Magnet auf Blattläuse. Pflanze sie dort, wo du lausanfällige Pflanzen stehen hast, die du schützen möchtest.

AUF GUTE NACHBARSCHAFT!

Ich habe dir einige tolle Mischkultur-Partner aufgelistet, die sich sehr gut nebeneinander im Beet machen und sich einige Schädlinge und Krankheiten gegenseitig fernhalten.

Legende

- G = Gut
- S = Schlecht
- (leer) = Neutral

	Auberginen	Blumenkohl	Bohnen	Brokkoli	Erbsen	Erdbeeren	Fenchel	Gurken	Kartoffeln	Knoblauch	Kohl	Kohlrabi	Lauch	Mais	Mangold	Möhren	Paprika	Pastinake	Pflück-/Kopfsalat	Radieschen	Rote Bete	Schwarzwurzel	Sellerie	Spinat	Tomaten	Zucchini	Zwiebeln
Auberginen		G	G	G	S		S	S	S		G						S		G	G	S			G	S	S	
Blumenkohl	G		G		G			G	S		S		G						G		G		G	G			S
Bohnen	G	G		G	S	G	S	G	G	S	G	G	S	G	G			G	G	G	G	G	G	G	G	G	S
Brokkoli	G		G		G	S		G	G		S	S	G		G	G	G		G	G	G		G	G	G		S
Erbsen	S	G	S	G			G	G	S	S	G	G	S	G		G	S	G	G	G				G	S	G	S
Erdbeeren			G	S						G	S		G						G	G				G			G
Fenchel	S		S		G			G			S	S					S		G						S		
Gurken	S	G	G	G	G		G			G	G		G	G			G		G	S			G	G	S	S	G
Kartoffeln	S	S	G	G	S						G	G		G			S		S		S		S	G	S	S	
Knoblauch			S		S	G		G			S					G					G				G		G
Kohl	G	S	G	S	G	S	S	G	G	S		S	G		G		G		G	G	G		G	G	G		S
Kohlrabi			G	S	G		S		G		S								G		G		G	G	G		
Lauch		G	S	G	S	G		G			G					G		G	G		S	G	G				S
Mais			G		G			G	G										G		S		S	G		G	
Mangold			G	G							G					G		G		G	S	S		S			
Möhren				G	G					G			G		G		G		G	G		G			G		G
Paprika	S			G	S		S	G	S		G					G					S				G		
Pastinake			G		G								G		G				G								G
Pflück-/Kopfsalat	G	G	G	G	G	G	G	G	S		G	G	G	G		G		G		G	G	G	S	G	G		G
Radieschen	G		G	G	G	G		S			G				G	G			G			G		G			
Rote Bete	S	G	G	G					S	G	G	G	S	S	S		S		G					S		G	G
Schwarzwurzel			G										G		S	G			G	G							
Sellerie		G	G	G				G	S		G	G	G	S					S					G			
Spinat	G	G	G	G	G	G		G	G		G	G		G	S				G	G	S		G				
Tomaten	S		G	G	S		S	S	S	G	G	G				G	G		G								G
Zucchini	S		G		G			S	S					G							G						G
Zwiebeln		S	S	S	S	G		G		G	S		S			G		G	G		G				G	G	

KARTOFFELN ANBAUEN

Hast du schon mal Kartoffeln in deinem Garten angebaut? Sie sind tolle Mischkulturpartner mit Erbsen, Kohlrabi oder Sellerie.

Ich würde dir allerdings nicht unbedingt den Kartoffelanbau in einem Hochbeet empfehlen. Zum einen nehmen sie sehr viel Platz ein und bei der Ernte jede Kartoffel zu erwischen, könnte sich durchaus als schwierig erweisen.

TIPP

Kartoffeln solltest du nicht in der Nähe von Tomaten anbauen, da sie den Erreger der Kraut- und Braunfäule in sich tragen und damit deine Tomatenpflanzen infizieren können. Mehr zu dem Thema erfährst du auf Seite 123.

TIPP

Kartoffeln kannst du ganz easy in Pflanztaschen anbauen. Sie sind wasserdurchlässig und lassen sich schnell mal von A nach B transportieren, sollten sie im Weg stehen.

DARF ICH VORSTELLEN?

Es gibt so einige pflegeleichte Gemüsesorten und Kräuter, die im Hochbeet angebaut und schon nach kurzer Zeit geerntet werden können. Ich habe dir hier eine Handvoll zusammengestellt, die Gemüsegartenanfänger*innen viel Freude bereiten werden.

LEGENDE

- Direktsaat
- Voranzucht
- Saattiefe (Dunkelkeimer)
- Saattiefe (Lichtkeimer)
- Keimdauer und Keimtemperatur
- Pflanzung
- Pflanzabstände
- Ernte

HINWEIS

Dunkelkeimer müssen tiefer in der Erde liegen, da sie es dunkel haben müssen, um keimen zu können. Lichtkeimer sollten höchstens hauchdünn mit Erde bedeckt werden, denn sie benötigen Licht, um keimen zu können.

RADIESCHEN

Radieschen sind ein wirklich schnelles Gemüse, wenn es um die Kulturdauer geht. Hast du keine Zeit zum Gärtnern und möchtest schnell ernten, dann baue Radieschen in deinem Gemüsegarten an. Ob im Hochbeet, direkt im Boden oder auch im Kübel, Radieschen sind wirklich unkompliziert. Deshalb eignen sie sich auch sehr gut, um sie mit Kindern zusammen anzubauen, denn Kinder sind ja bekanntlich sehr ungeduldig – wobei, manch erwachsene*r Hobbygärtner*in vermutlich auch.

- März–September
- 1 cm
- Ca. 6–10 Tage bei 10–20 °C
- 3–5 cm, Reihenabstand ca. 8–10 cm
- Im Frühjahr/Herbst nach ca. 8 Wochen, im Sommer nach ca. 3–4 Wochen

PFLÜCKSALAT

Du liebst Salat und würdest ihn am liebsten jeden Tag essen? Dann kann ich dir den Pflücksalat sehr ans Herz legen. In Reihen ausgesät, kann der Pflücksalat immer wieder nach Bedarf beerntet werden. Schneide dazu einfach die äußeren Blätter ab und lass den mittleren Teil weiter im Beet stehen, denn er bildet keine Köpfe aus, sondern lockere Rosetten. Nach 2 bis 3 Wochen ist der Pflücksalat nachgewachsen und kann weiter beerntet werden. Im Handel bekommst du fertige Saatbänder, oft auch mit 3 verschiedenen Sorten Pflücksalat. Das Beet sieht dadurch sehr schön bunt aus und die Aussaat ist durch das Saatband um einiges einfacher, da du die Pflanzabstände nicht abmessen musst. Achte nur darauf, dass das Saatband immer gut feucht bleibt bis zur Keimung und du dieses nur hauchdünn mit Erde bedeckst, da der Pflücksalat ein Lichtkeimer ist.

- März–August
- 0,5 cm
- Ca. 10 Tage bei 10–16 °C
- Reihenabstand ca. 25 cm
- Erste Ernte nach ca. 6–7 Wochen, sobald die Blätter eine Länge von ca. 10 cm haben

ZUCCHINI

Die Zucchini-Pflanze ist für mich mit Abstand die ertragreichste Kultur, vor allem wenn du sie im Hochbeet kultivierst. Durch die wärmere Erde und den eingearbeiteten Kompost gibt es für die Zucchini im Hochbeet kein Halten mehr. Falls du schon einmal von der Zucchini-Schwämme im Sommer gehört hast, dann ist das kein übertriebenes Gerede. Wenn du die Früchte immer früh erntest, kann dir eine einzelne Pflanze bestimmt 20 bis 25 Früchte über die ganze Saison schenken.

- Ab Mai
- Ab Mitte April
- 3 cm
- Ca. 6–8 Tage bei ca. 22 °C
- 100 cm, die Pflanze wird recht groß, lass genug Platz!
- Ab Juni bilden sich erste Früchte aus.

BUSCH- & STANGENBOHNEN

Bohnen sind auch eine eher einfachere Kultur im Gemüsegarten. Da sie Schwachzehrer sind, benötigen sie keinen vorgedüngten Boden. Buschbohnen wachsen, wie es der Name schon sagt, buschartig und werden ca. 50 cm hoch. Sie sind sehr praktisch für ein Hochbeet, da die Ernte im Stehen um einiges komfortabler ist als am Boden. Stangenbohnen benötigen hingegen eine Rankhilfe, sobald sie nach der Voranzucht ins Beet gesetzt werden, und sind besser am Boden statt im Hochbeet aufgehoben. Bohnen können auch direkt im Beet ausgesät werden, allerdings habe ich die Erfahrung gemacht, dass sich eine Voranzucht besser bewährt, da die Bohnen im Beet gerne von Mäusen, Vögeln und anderen Kleintieren stibitzt werden, bevor sie überhaupt keimen können.

- Ab Mitte Mai
- Ab April
- 2–3 cm
- Ca. 7 Tage bei mindestens 12 °C
- Ca. 5–10 cm, Reihenabstand ca. 30–40 cm, Buschbohnen können im Horst gesät werden, dazu legt man 5–6 Bohnen in ein Pflanzloch. Bei Stangenbohnen 8–10 Bohnen im Kreis um eine Rankstange setzen.
- Ca. 10 Wochen nach Aussaat

KNOBLAUCH

Wer liebt ihn nicht? Wenn Knoblauch auch für dich in einfach jedes Gericht gehört, dann solltest du ihn unbedingt in deinem Garten anbauen. Er ist nicht nur sehr unkompliziert im Anbau, sondern erfreut uns außerdem in der Mischkultur mit seiner Eigenschaft, Schädlinge abzuwehren.

- Einzelne Zehen im Herbst von September bis Oktober oder im Frühjahr von März bis April stecken
- Zehen im Abstand von ca. 15 cm ca. 5 cm tief setzen
- Ab Juni/Juli kannst du deinen im Herbst gesetzten Knoblauch ernten. Die im Frühjahr gesteckten Zehen ab dem Herbst. Der Erntezeitpunkt ist gekommen, wenn das Grün verwelkt aussieht und braun wird.

ERBSEN

Erbsen sind eine tolle Kultur für den Gemüsegarten. Mit, aber auch ohne Rankhilfe lassen sich Erbsen hervorragend in dein Beet integrieren. Ob du eine Rankhilfe benötigst, entnimmst du am besten deinem Saatgut-Päckchen, da es bei Erbsen einige verschiedene Sorten gibt. Möchtest du sie im Hochbeet anbauen, kannst du sie auch am Rand aussäen. Sobald die Erbsen größer werden, kannst du sie am Hochbeet außen herunterhängen lassen. Das sieht zum einen nicht nur richtig klasse aus, sondern vereinfacht dir auch die Ernte, da du an die Schoten mit Leichtigkeit gelangen kannst.

- März–Juni, Wintersorten ab dem Herbst
- 4–6 cm
- Ca. 8–14 Tage bei 15–20 °C
- 3–4 cm
- Ca. 3 Monate nach Aussaat

KOHLRABI

Kohlrabi ist ein Klassiker unter den Frühjahrskulturen. Je nach Sorte lässt er sich schon sehr früh im Haus vorziehen und ist eher unempfindlich bei kälteren Temperaturen. Ob im Hochbeet, direkt im Boden oder auch im Kübel, der Kohlrabi wächst praktisch überall. Ziehst du ihn im Haus vor und pflanzt deine Jungpflanze später ins Beet, achte darauf, dass du die Pflanze nicht zu tief in die Erde setzt. Die Verdickung am Stiel, an der die Blätter abgehen, sollte oberhalb der Erde bleiben, ansonsten könnte es passieren, dass du nur Blattgrün anbaust und vergeblich auf die Knolle wartest.

- Ab April
- Februar–April
- 1–2 cm
- Ca. 5–8 Tage bei 16–20 °C
- Ca. 25 cm
- 8–12 Wochen nach Aussaat, je nach Sorte

TOMATEN

Die Tomate ist mit Abstand eine der beliebtesten Kulturen im Gemüsegarten. Möchtest du sie selbst vorziehen, hast du die Auswahl aus Hunderten von beeindruckenden Sorten, die du nicht einfach so als fertige Frucht im Supermarkt zu kaufen bekommen würdest. Aus diesem Grund sind sie bei Hobbygärtner*innen auch so beliebt. Zum einen gibt es die klassischen Tomaten, die sehr hoch wachsen und aus diesem Grund eine Tomatenstütze benötigen und zum anderen gibt es die Buschtomaten. Sie wachsen eher kompakt und werden meist nicht höher als 50–80 cm. Für das Hochbeet empfehle ich dir aus diesem Grund den Anbau von Buschtomaten.

- Ab Mitte Mai ins Freiland
- März–April
- 0,5–1 cm
- Ca. 6–8 Tage bei 22–28 °C
- Ca. 50 cm
- Bei frühen Sorten erste Ernte 50–70 Tage nach Befruchtung, bei späten Sorten 90 Tage nach Befruchtung

GURKEN

Sobald du die erste Gurke aus dem eigenen Garten probiert hast, möchtest du einfach nie wieder andere Gurken essen – versprochen! So ist es mir zumindest ergangen. So frisch und aromatisch kannte ich sie vorher einfach nicht. Auch hier hast du die Wahl zwischen einigen Sorten. Viele sind für das Gewächshaus geeignet, aber es gibt auch einige Freilandsorten. Normalerweise benötigen Gurken ein Rankgerüst, damit sie sich daran hochranken können. Bei deinem Hochbeet kannst du jedoch darauf verzichten und sie stattdessen außen am Hochbeet herunterranken lassen.

- Ab Mai
- April–Mai
- 2–3 cm
- Ca. 4–6 Tage bei 22–28 °C
- Ca. 50 cm
- Ca. 3 Wochen nach Blütenbildung möglich

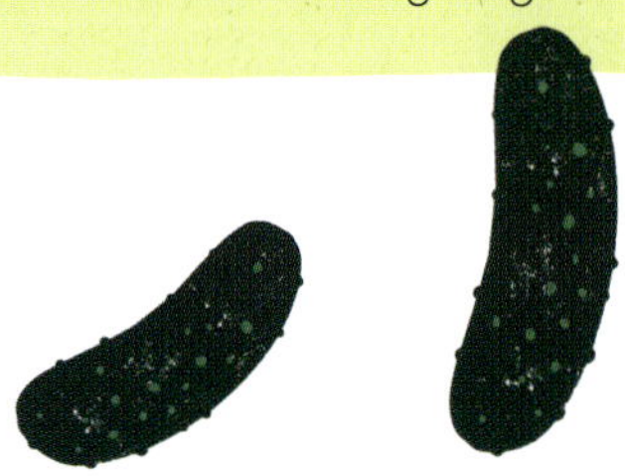

ZWIEBELN

Magst du Zwiebeln auch so gerne wie ich? Dann solltest du unbedingt darüber nachdenken, diese in deinem Garten zu kultivieren. Zwiebeln sind eher anspruchslos und kommen mit wenig Pflege aus. Ab und an wässern an heißen Tagen und das Beet unkrautfrei halten, dann dürfte einer üppigen Ernte nichts mehr im Wege stehen. Pflanzt du sie neben Möhren, machen einige Schädlinge einen großen Bogen um die leckeren Stinker.

- Einzelne Steckzwiebeln im Herbst von September bis Oktober oder im Frühjahr von März bis April stecken
- Ca. 10 cm, Steckzwiebeln ca. 5 cm tief in die Erde stecken
- Ab Juni/Juli kannst du deine im Herbst gesetzten Zwiebeln ernten. Die im Frühjahr gesteckten Zwiebeln ab dem Herbst. Der Erntezeitpunkt ist wie beim Knoblauch daran zu erkennen, dass das Grün verwelkt und braun wird.

MÖHREN

Vor allem mit Möhren wirst du deine Freude im Hochbeet haben. Da du einen lockeren Boden benötigst, um lange, gerade Möhren zu bekommen, eignet sich das Hochbeet wirklich hervorragend, da du grundsätzlich einen lockeren Boden im Hochbeet hast. Neben den bekannten orangefarbenen Möhren gibt es auch leckere lila Sorten.

- März–Mitte Juli (je nach Sorte)
- 1–2 cm
- 14–28 Tage bei 10–25 °C
- Ca. 2,5 cm
- Ca. 10–11 Wochen nach Aussaat

MANGOLD

Wenn du gerne Spinat isst, dann kann ich dir Mangold wärmstens für dein Hochbeet empfehlen. Zubereitet wird er wie Spinat und ist wirklich unheimlich lecker. Es gibt verschiedene Sorten, aber wenn du einen echten Hingucker in deinem Beet haben möchtest, dann solltest du die Sorte 'Rainbow Mix' aussäen. Mit seinen leuchtenden Farben in Rot, Pink und Gelb sieht dein Beet einfach wunderschön aus.

Ab Mitte April
2–3 cm
7–14 Tage bei 18–20 °C
Ca. 30 cm
Ab Juni

MAJORAN

Majoran ist ein fein-würzig, leicht süßliches Kraut und erreicht als kleiner Strauch eine Wuchshöhe von bis zu 80 cm. Die Pflanze ist einjährig und aus der Küche einfach nicht wegzudenken. Ob frisch oder getrocknet, verfeinert er Soßen, Suppen und andere Speisen mit seinem leckeren Aroma.

Ab Mai
0–0,5 cm
12–15 Tage bei 16–20 °C
Ca. 25 cm
Juni–September

ROSMARIN

Rosmarin gehört für mich zu den Kräutern, die in keinem Garten fehlen dürfen. Nicht nur, weil er super lecker ist, er ist auch ein sehr pflegeleichtes Gewächs, das sogar in milderen Regionen mehrjährig ist. Durch seinen starken Geruch vertreibt er auch so manchen Schädling und eignet sich somit ideal als Schädlingsabwehr im Gemüsebeet.

- Ab März im Haus vorziehen
- 0–0,5 cm
- 15–35 Tage bei 16–24 °C
- Ca. 40 cm

RUCOLA

Rucola im Garten zu haben, ist einfach toll! Nicht nur, weil er richtig lecker ist, sondern auch, weil er sich in den meisten Fällen immer wieder selbst aussät und du nicht immer wieder neu aussäen musst. Also, wenn du Salat im Hochbeet haben möchtest, der nicht zu zeitintensiv ist, dann solltest du ihn unbedingt anbauen. Übrigens wird Rucola auch Salatrauke genannt. Die Sorte 'Wilde Rauke' baue ich am liebsten an, sie übersteht milde Winter und ist mehrjährig. Die Salatrauke hingegen ist nur einjährig.

- April–September
- 1 cm
- Ca. 14 Tage
- In Rillen 1 cm tief, Reihenabstand 15–20 cm
- Ca. 3–6 Wochen nach Aussaat

BASILIKUM

Basilikum ist für mich ein Must-have im Garten – insbesondere wenn du Tomaten anbaust, ist die Kombi einfach nur lecker. Für mich ist er aus der Küche nicht wegzudenken. Vor allem gibt es so tolle Sorten, die du oft gar nicht zu kaufen bekommst. Neben der bekannten Sorte 'Basilikum Genovese' bekommst du auch roten Basilikum, Zimt-Basilikum oder Zitronen-Basilikum – eine grandiose Auswahl an herrlich leckeren Variationen!

- Ab Mitte Mai
- Ganzjährig im Haus
- 0–0,5 cm
- 10–20 Tage bei 20–25 °C
- Ca. 25 cm Reihenabstand, 50 Korn pro Meter
- Ca. 8 Wochen nach Aussaat

BORRETSCH

Borretsch ist nicht nur ein wahrhaftiger Bienenmagnet, sondern er schmeckt auch noch richtig lecker im Salat oder in Saucen und Suppen. Der Geschmack ist würzig, erfrischend und erinnert etwas an Gurke. In der Mischkultur ist er ein guter Beetnachbar für einige andere Gewächse, wie zum Beispiel Kohl, Bohnen oder Erbsen.

- April–Juli
- 3 cm
- Ca. 14 Tage
- Ca. 40 cm
- Sobald die ersten, jungen Blätter da sind, kann geerntet werden.

TAGETES

Die Tagetespflanze wird auch Studentenblume genannt und ist, wie auch die Ringelblume, ein perfekter Mischkulturpartner, wenn es darum geht, Nematoden zuverlässig aus deinem Beet fernzuhalten. Außerdem vertreibt sie, als Beetumrandung oder einzeln zwischen die Gemüsekulturen gepflanzt, verschiedene Fliegenarten und Fadenwürmer.

- Ab Mai
- Ab März
- 0–0,5 cm
- 10–20 Tage bei 20 °C
- 20–35 cm

RINGELBLUME

Die Ringelblume ist nicht nur als Heilpflanze sehr bekannt, sie ist außerdem ein sehr guter Mischkulturpartner. Da ihre Wurzeln Giftstoffe in den Boden absondern, hält sie Nematoden zuverlässig von deinem Gemüse fern. Nebenbei ist sie auch sehr schön anzuschauen und wertet jeden Gemüse- oder Bauerngarten optisch großartig auf.

- April–Juni
- 0,5–1 cm
- 7–14 Tage bei 12–18 °C
- Ca. 25–30 cm

Genug mit Pflanzenkunde, jetzt geht's los mit der Beetplanung!

DAS BEET FÜR UNGEDULDIGE

Die Gartensaison hat begonnen, es juckt dich in den Fingern und du willst so schnell wie möglich dein erstes Gemüse ernten? Dann ist dieses Beet genau das richtige für dich.

	Voranzucht	Direktsaat	Freilandpflanzung	Pflanzabstand	Reihenabstand
Pflücksalat	-	März–Aug	März–Aug	Saatband	15–20 cm
Radieschen	-	März–Aug	März–Aug	3–5 cm	20–30 cm
Kohlrabi	Feb–April	ab April	ab April	35–40 cm	70 cm

ZEITAUFWAND: GERING

→ Gießen

→ Schädlinge abwehren

Tipps zu den beiden Aufgaben findest du auf der rechten Seite.

MEINE SORTENEMPFEHLUNGEN

Pflücksalat	→ **Babyleaf-Salatwiese** – Bestehend aus: Lollo Rossa, Lollo Bionda, Red Salad Bowl.
Radieschen	→ **Cherry Belle** – Leuchtend rote Radieschen mit dünner Schale und mildem Geschmack. → **Sora** – Große, knackige Radieschen mit festem Fleisch. Sie werden bis zu 6 cm groß.
Kohlrabi	→ **Superschmelz** – Weißer, butterzarter Riesenkohlrabi, der bis zu 5 kg schwer werden kann.

TIPPS ZUM GIESSEN

→ Schau, dass die Erde immer gut feucht ist, bis **Salat** und **Radieschen** gekeimt sind.

→ **Kohlrabi** immer reichlich gießen, so sicherst du dir zarte Knollen.

TIPPS ZUR SCHÄDLINGSABWEHR

→ Schnecken lieben jungen **Salat** und machen auch vor deinen **Radieschen** keinen Halt. Schütze diese Kulturen mit einem Gemüseschutznetz oder Schneckenkragen.

→ Ab April solltest du deinen **Kohlrabi** regelmäßig auf Raupen untersuchen, denn jetzt ist der Kohlweißling bereits unterwegs und hat es vor allem auf deine Kohlpflanzen abgesehen.

MÄRZ

- → Ende März kannst du bereits deinen **Salat** und die **Radieschen** direkt im Beet aussäen.
- → Den **Kohlrabi** kannst du im Haus vorziehen. Er sollte noch nicht nach draußen, da es eventuell noch zu Nachtfrösten kommen kann (je nach Sorte).

APRIL

- → **Salat** und auch die **Radieschen** sind gekeimt und wachsen gut an.
- → Ende April können die Jungpflanzen vom **Kohlrabi** ins Beet gepflanzt werden.
- → Achte weiterhin auf Nachtfröste und schütze den **Kohlrabi** eventuell mit einem Vlies.

MAI

- → Die ersten **Radieschen** können geerntet und auch wieder neu ausgesät werden.
- → Das junge Blattgrün deines **Pflücksalats** kann geerntet werden. Schneide dazu nur die äußeren Blätter ab, denn der Pflücksalat wächst immer wieder nach.
- → Die Knollen deiner **Kohlrabipflanzen** bilden sich langsam aus und werden immer größer.

JULI BIS SEPTEMBER

→ Dein **Pflücksalat** gibt noch mal alles und füllt weiterhin zuverlässig deine Salatschüssel.

→ Die **Radieschen** erntest du am laufenden Band. Du kannst sie immer wieder neu aussäen, das ist bis August noch möglich.

→ Ab August ist der **Kohlrabi** 'Superschmelz' ernte-reif und beschenkt dich mit riesigen, zarten Knollen. Sie können bei dieser Sorte 3–5 kg schwer werden.

JUNI

→ Dein **Pflücksalat** wächst weiter und beschert dir eine endlose, leckere Ernte.

→ Deine neu ausgesäten **Radieschen** wachsen bereits munter in deinem Beet und können bald geerntet werden.

→ Deine **Kohlrabiknollen** werden immer größer und größer. Die Sorte 'Superschmelz' benötigt ein wenig mehr Zeit bis zur Ernte. Kleinere Sorten können ab jetzt geerntet werden.

TIPP

Lasse eine Handvoll Radieschen ab Ende Juli im Beet stehen und in die Blüte gehen. So kannst du dir gleich neues Saatgut für das kommende Jahr sichern.

DER ALL-ROUNDER

Da Möhren und Lauch perfekte Beetnachbarn sind und sie sich Schädlinge in Kombination mit Knoblauch zuverlässig fernhalten, kannst du mit diesem Beet wirklich nichts verkehrt machen.

	Voranzucht	Direktsaat	Freilandpflanzung	Pflanzabstand	Reihenabstand
Möhren	-	April–Juni	April–Juni	10 cm	20 cm
Lauch	März–Mai	-	ab Mai	20 cm	30 cm
Knoblauch	-	-	März–April / Sep–Nov	10 cm	10 cm

ZEITAUFWAND: GERING

→ Boden locker halten

→ Beet zwischen den Reihen unkrautfrei halten

→ Ernten

MEINE SORTENEMPFEHLUNGEN

Möhren	→ **Nantaise 2** – Aromatische, süße Möhren, die sehr gut über den Winter gelagert werden können.
Lauch	→ **D'Elbeuf** – Schnellwachsende, ertragreiche Sorte mit einem mittellangen Schaft.

MÄRZ

- → **Knoblauch** stecken, er kann aber auch schon im Herbst gesteckt werden.
- → Ab Ende März **Möhren** in Reihen aussäen.
- → Ab März kann der **Lauch** im Haus vorgezogen werden.

APRIL

- → An deinem **Knoblauch** zeigt sich das erste Grün.
- → Die ersten grünen **Möhrengrün-Spitzen** luken aus der Erde.
- → Im Haus ist der **Lauch** bereits gekeimt und wartet auf das Auspflanzen.

MAI BIS JUNI

- → Dein **Knoblauch** wächst munter weiter.
- → Halte die Reihen, vor allem zwischen dem Knoblauch, unkrautfrei.
- → Das **Möhrengrün** wird größer und größer und duftet bereits lecker nach Möhren.
- → Der **Lauch** darf jetzt ins Beet ziehen.

TIPP

Ziehe einen langen Graben und pflanze den Lauch in diesen Graben. Ab einer Größe von ca. 20 cm sollte der Lauch angehäufelt werden. Schiebe dazu ganz einfach die Erde auf den Seiten zum Lauch.

JULI BIS SEPTEMBER

→ Das Grün des **Knoblauchs** wird welk, das ist das Zeichen, dass er abgeerntet werden kann.

→ Deine **Möhren** haben eine tolle Größe erreicht und können ab September geerntet werden.

→ Ab September ist auch der **Lauch** fertig und wartet auf seine Ernte.

Rezept

FERMENTIERTER KNOBLAUCH

Meine Liebeserklärung an den kleinen, leckeren Stinker! Liebst du Knoblauch auch so sehr wie ich? Ich kann ihn mir aus der Küche und vor allem auch aus meinen Beeten gar nicht mehr wegdenken. Knoblauch ist nicht nur eine Gewürz-, sondern auch eine extrem gesunde Heilpflanze. Und einfach nur leckerschmecker! In Honig fermentierter Knoblauch hilft besonders gut bei einer Erkältung.

ZUTATEN

→ 2 ganze Knollen Knoblauch

→ ca. 250 ml Honig (roh und unbehandelt)

→ 1 Bügelglas oder ein Glas mit Fermentieraufsatz (keine Twist-Off Gläser!)

SO GEHT'S:

01 Knoblauch schälen und in das Glas füllen.

02 Honig in das Glas geben und den Knoblauch komplett bedecken.

03 In der ersten Woche täglich das Glas leicht schwenken, damit der oben liegende Knoblauch immer wieder mit Honig bedeckt wird.

04 Nach 2-3 Tagen sieht man Bläschen aufsteigen – die Fermentation beginnt.

05 Das Glas sollte stets geschlossen bleiben (nach einer Woche kann der Fermentieraufsatz gegen einen Deckel getauscht werden).

06 Nach ca. 30 Tagen ist der Knoblauch fertig.

LAGERE KNOBLAUCH, INDEM DU IHN ZU EINEM ZOPF FLECHTEST UND AUFHÄNGST

TIPP

Den Knoblauch kannst du so als Beilage essen. Täglich 1 TL Honig pur oder mit warmem Wasser vermischt hilft gut bei akuter Erkältung.

BEETPLAN

ITALY LOVE

Du liebst Tomaten und kannst sie dir ohne Basilikum einfach nicht vorstellen? Warum pflanzt du sie dann nicht einfach zusammen? In Kombination mit Kohlrabi schaffst du es, durch den starken Duft des Basilikums und der Tomaten, den Kohlweißling von deinem Kohlrabi fernzuhalten.

	Voranzucht	Direktsaat	Freilandpflanzung	Pflanzabstand	Reihenabstand
Tomate	März–April	-	ab Mai	50 cm	50 cm
Basilikum	ab März	ab Mitte Mai	ab Mitte Mai	15–20 cm	25 cm
Kohlrabi	Feb–April	ab April	ab April	30 cm	30 cm

Beet-Maße: 200 x 100 cm

ZEITAUFWAND: MODERAT

→ Gießen

→ Ausschau nach Schädlingen halten

→ Tomaten ausgeizen

→ Ernten

MEINE SORTENEMPFEHLUNGEN

Tomate	→ **Ananas** – Eine sehr leckere orange-gelbe Fleischtomate, fruchtig süß im Geschmack. Die Früchte können 300 bis 600 g auf die Waage bringen. → **Rotes Birnchen** – Starkwüchsige, sehr ertragreiche Tomate, mit kleinen, birnenförmigen, leckeren Früchten. → **Tschernij Prinz** – Würzige, süße Früchte, die 300–400 g schwer werden können.
Basilikum	→ **Genoveser** – Großblättriger, einjähriger Basilikum mit sehr viel Blattmasse. → **Dark Opal** – Hocharomatischer Basilikum, der durch sein lila Blattwerk ein echter Hingucker im Beet ist.
Kohlrabi	→ **Azur Star** – Frühe, blaue Sorte. Für das Gewächshaus und Freiland geeignet. → **Enrico** – Früher, weißer Kohlrabi. Für Gewächshaus und Freiland geeignet.

FLEISCHTOMATE 'TSCHERNIJ PRINZ'

BIRNENFÖRMIGE TOMATE 'ROTES BIRNCHEN'

MÄRZ

→ Ab Mitte März fängt die **Tomatenaussaat** im Haus an.

→ Auch der **Kohlrabi** kann jetzt im Haus vorgezogen werden.

APRIL

→ Ab Ende April dürfen **Tomaten** und **Kohlrabi** ins Freiland.

→ Achte auf die **Temperaturen**, vor allem nachts. Halte gegebenenfalls einen Frostschutz bereit. Sollten die Nächte noch zu kalt sein, pflanze erst im Mai nach den Eisheiligen aus.

→ Hast du ein Gewächshaus, dürfte die Auspflanzung ab Ende April kein Problem sein.

→ Im Haus kannst du bereits **Basilikum** aussäen.

TIPP

Basilikum ist ein Lichtkeimer, er sollte nicht mit Erde bedeckt werden. Hast du schon einmal roten Basilikum gesehen? Eine Augenweide im Beet und schmeckt auch noch richtig lecker.

MAI

→ Sollte es bis jetzt zu kalt gewesen sein, kannst du **Tomaten** und **Kohlrabi** ab Mitte Mai, nach den Eisheiligen, ins Freiland pflanzen.

→ Auch der **Basilikum** findet jetzt Platz im Beet, zwischen Tomaten und Kohlrabi.

→ Pflanze die **Tomaten** versetzt in dein Beet, so bekommst du ein bis zwei Pflanzen zusätzlich unter.

JUNI BIS SEPTEMBER

→ Schaue am besten täglich bei deinen Pflanzen vorbei und suche nach Geiztrieben, die entfernt werden sollten.

→ Dein **Kohlrabi** möchte weiterhin mit reichlich Wasser versorgt werden.

→ Der **Basilikum** kann nach Bedarf nach und nach geerntet werden.

→ Je nach Sorte kannst du ab Juli bereits die ersten reifen **Tomaten** ernten.

→ Versorge deine Tomaten 1 Mal pro Woche mit **Brennnesseljauche**, auch dem Kohlrabi gefällt das.

→ Ernte bis in den Herbst hinein, du wirst immer weiter reife **Tomaten** finden.

GEIZTRIEBE

Damit deine Tomatenpflanzen gesund bleiben und auch um deinen Ertrag zu erhöhen, solltest du ab und an nach Geiztrieben Ausschau halten und diese bei Bedarf entfernen. Sie wachsen in der Achsel zwischen Hauptstamm und Seitentrieb. Du kannst sie entweder mit einer Schere entfernen oder einfach mit den Fingern abknipsen.

DAS SPART ZEIT!

Gehe wöchentlich an deine Tomatenpflanzen und geize sie aus. Denn werden die Geiztriebe erst einmal richtig groß, hast du wirklich viel Mühe, überhaupt noch den Durchblick zu behalten bei dem ganzen Grünzeug.

DAS SPART ZEIT!

Pflanze Buschtomaten in dein Beet. Denn die benötigen nicht so viel Platz und müssen auch nicht ausgegeizt werden. Du musst sie nur regelmäßig gießen und ernten – ein Traum, nicht wahr?

BEETPLAN

DAS GRÜNE BEET

Wenn du schon einmal Gurken im Garten angebaut hast, dann brauche ich dir ja gar nicht zu erzählen, wie lecker die sind! In Kombination mit Paprika und Dill kannst du sie ganz einfach in deinem Hochbeet kultivieren. Stelle deinen Gurken eine Rankhilfe zur Verfügung, denn sie klettern gerne hoch hinaus.

	Voranzucht	Direktsaat	Freilandpflanzung	Pflanzabstand	Reihenabstand
Gurken	April–Juni	April–Mai	ab Mai	30 cm	80 cm
Paprika	Feb–März	-	ab Mai	50 cm	50 cm
Dill	März–April	April–Aug	ab Ende April	8 cm	25 cm

Beet-Maße: 200 x 100 cm

ZEITAUFWAND: MODERAT

- → Gurken täglich gießen – dann werden sie besonders lecker!
- → Gurkenranken hochbinden
- → Nach Schädlingen wie Spinnmilben und Läusen Ausschau halten

MEINE SORTENEMPFEHLUNGEN

Gurke	→ **Flamingo** – Gewächshausgurke mit hohem Ertrag, jede Blüte bringt eine Frucht. 30 cm lange, schlanke Früchte. → **Picolino** – Ertragreiche, sehr leckere Mini-Snackgurken.
Paprika	→ **Sweet Banana** – Ertragreiche, milde Spitzpaprika. Perfekt für das Freiland. → **Sweet Dreams** – Ertragreiche, frühe Paprikasorte. Mild im Geschmack und für das Freiland geeignet. → **California Wonder** – Große Blockpaprika, von grün nach rot reifend.
Dill	→ **Hera** – weniger anfällig für Krankheiten, standfest, wird ca. 50 cm hoch.

JANUAR BIS MÄRZ

→ Schon früh im Jahr kannst du mit der Aussaat von **Paprika** im Haus beginnen, denn sie benötigt einige Zeit und viel Wärme zum Keimen.

APRIL BIS MAI

→ Ab Mitte April Voranzucht der **Gurken** im Haus.

→ **Dill** im April vorziehen oder Direktsaat ab Mai.

→ Wenn ein Gewächshaus vorhanden ist, können **Paprika** und **Gurken** ab Ende April ins Gewächshaus – natürlich je nach Wetterlage.

→ Ab Mitte Mai, nach den Eisheiligen, dürfen **Paprika** und **Gurken** auch ins Freiland gepflanzt werden.

→ Eventuelle Nachtfröste im Blick behalten und je nachdem ein Winterschutzvlies einsetzen.

JUNI BIS JULI

→ Die ersten Blüten und sogar Fruchtansätze sind an den **Paprikapflanzen** zu finden.

→ Die ersten **Gurken** bilden sich bereits aus und die Pflanze klettert an ihrer Rankhilfe empor.

→ Der **Dill** ist gekeimt und kann je nach Größe bereits beerntet werden.

TIPP

Sobald sich die ersten Fruchtansätze an deinen Gurkenpflanzen ausbilden, solltest du 2 bis 3 Gürkchen pro Pflanze entfernen. Deine Pflanzen benötigen jetzt ihre ganze Kraft für das Wachstum. Es kann sonst passieren, dass sie nur kümmerlich wachsen.

AUGUST BIS SEPTEMBER

→ Jetzt macht sich dein regelmäßiges Gießen bezahlt: Deine **Gurkenpflanzen** beschenken dich mit massig Gurken.

→ Die Ernte der **Paprika** läuft auf Hochtouren.

→ Auch der Dill wächst weiter und weiter und versprüht seinen leckeren Duft.

Rezept

EINGELEGTE GURKEN

Gurken schmecken nicht nur roh richtig gut, sondern auch eingelegt. Ich habe für dich ein leckeres Rezept vorbereitet, das du unbedingt mal ausprobieren solltest.

ZUTATEN

→ 4 große Salatgurken oder ca. 2 kg Snackgurken

→ 850 ml Weißweinessig

→ 850 ml Wasser

→ 850 g Zucker

→ 2 EL Senfkörner

→ 2 EL Gewürzmischung für Gewürzgurken

→ 4½ TL Salz

→ 3–4 Zwiebeln

→ 1 Bund frischer Dill

→ 8 Gläser à 500 ml

SO GEHT'S:

01 Gurken schälen, längs viertel, entkernen und in Stücke schneiden oder

02 Snackgurken waschen und in 3 cm dicke Scheiben schneiden.

03 Zwiebeln in Ringe schneiden.

04 Gurken, Dill und Zwiebeln in die Gläser füllen.

05 Die restlichen Zutaten für 5 Minuten aufkochen und den Sud in die Gläser füllen.

SNACKGURKEN SIND SUPER LECKER AUS DEM EIGENEN ANBAU, UND WENN DU SIE KONSTANT ERNTEST, BILDEN SIE IMMER WEITER NEUE FRÜCHTE AUS.

BEETPLAN

DAS BEET MIT HERZ

Vor allem Buschbohnen sind im Hochbeet ganz tolle Kulturen, da sich die Ernte um einiges bequemer gestalten lässt als am Boden. Du kannst sie einzeln in Reihen setzen oder als Horstsaat. Das bedeutet, dass 5 bis 7 Bohnen als Gruppe im Abstand von ca. 20 x 20 cm gesetzt werden.

	Voranzucht	Direktsaat	Freilandpflanzung	Pflanzabstand	Reihenabstand
Buschbohnen	April	Mai–Juli	Mai	8–10 cm	50 cm
Knollensellerie*	Feb–April	-	ab Mai	30 cm	30 cm
Spinat	-	März–Mai	ab März	20–25 cm	20–25 cm

*Achtung, Lichtkeimer!

Beet-Maße: 200 x 100 cm

ZEITAUFWAND: GERING

→ Gelegentliches Gießen

→ Ernten

→ Beikräuter entfernen

MEINE SORTENEMPFEHLUNGEN

Busch-bohnen	→ **Brilliant** – Sichere, ertragreiche Ernte. Die Hülsen sind fadenlos und sehr lecker. → **Saxa** – Sehr robuste Sorte, auch bei kühler Witterung. Sie eignet sich besonders für eine Früh- und Spätaussaat.
Knollen-sellerie	→ **Ibis** – Knollensellerie mit glatten, weißen Knollen. Er ist gut lagerfähig und widerstandsfähig gegen Blattflecken und Schorf.
Spinat	→ **Matador** – Dunkelgrüne, sehr große Blätter. Wächst schnell und schoßt erst spät.

FEBRUAR BIS MÄRZ

→ Der **Knollensellerie** wird bereits früh im Jahr im Haus vorgezogen.

→ Ab März kann der **Spinat** direkt ins Freiland gesät werden.

APRIL

→ Der **Spinat** schaut bereits aus der Erde.

→ Der **Knollensellerie** darf ab Ende April ins Beet, auf eventuelle Nachtfröste achten.

→ Die **Bohnen** können ab April in Töpfen im Haus vorgezogen werden.

DAS SPART ZEIT!

Bedecke die Erde um deine Pflanzen mit Rasenschnitt. So musst du weniger gießen und hast zugleich eine super Düngewirkung.

MAI

→ Die **Bohnen** können ab Mitte Mai auch direkt im Beet ausgesät werden.

→ Der **Spinat** wird immer größer und größer und kann bald geerntet werden.

→ Der **Knollensellerie** wächst bereits gut an.

JUNI BIS SEPTEMBER

→ Die **Bohnen** beschenken dich mit einer reichen Ernte und bilden immer weiter Blüten aus.

→ Den **Spinat** nach Bedarf ernten.

→ Ab Juni ist der **Knollensellerie** erntereif.

TIPP

Bohnen kannst du eigentlich direkt im Beet aussäen. Hast du allerdings viele Vögel wie Amseln in deinem Garten, dann empfehle ich dir eine Voranzucht in Töpfen. Denn Vögel, Mäuse und weitere Tiere lieben Bohnen und picken sie dir aus dem Beet, bevor überhaupt eine Bohne keimen kann.

ENDE SEPTEMBER BIS OKTOBER

Die Bohnen und der Sellerie sind abgeerntet und der Herbst naht.

Damit dein Beet jetzt nicht leer steht, kannst du noch folgende Nachfolgekulturen in dein Beet bringen:

→ Feldsalat aussäen

→ Rote Bete aussäen

→ Knoblauch stecken

→ Wintererbse Sima aussäen

DAS BUNTE BEET

Das bunte Beet ist wirklich mitunter eins der pflegeleichtesten Beete. Sobald alles gepflanzt ist, brauchst du eigentlich nur noch zu gießen und zu ernten – also wenn du keine Zeit zum Gärtnern hast, ist dieser Beetplan genau der richtige für dich!

	Voranzucht	Direktsaat	Freilandpflanzung	Pflanzabstand	Reihenabstand
Erbsen	-	April–Mai	-	3 cm	40 cm
Zucchini	April	Mai	Mai	30 cm	80 cm
Buschbohnen	April	ab Mai	ab Mai	im Horst	30–40 cm
Mangold	März	ab April	ab April	40 cm	25 cm

Beet-Maße: 200 × 100 cm

ZEITAUFWAND: GERING

→ Vorziehen

→ Pflanzen

→ Gießen

→ Ernten

MEINE SORTENEMPFEHLUNGEN

Erbsen	→ **Maxigolt** – Mittelfrüh reifende Sorte mit süßen, relativ großen Erbsen.
Zucchini	→ **One Ball** – Bildet gelbe, runde Früchte aus. Wunderschön und dekorativ.
Mangold	→ **Bright Lights Rainbow** – Bunte Mangoldpflanzen mit fantastischem Geschmack. Ein Hingucker in jedem Beet!
Busch-bohnen	→ **Saxa** – Sehr robuste und widerstandsfähige Sorte bei kühlerer Witterung. Besonders für Früh- und Spätsaat geeignet. → **Brilliant** – Eine sehr ertragreiche Sorte. Zarte, fadenlose Hülsen mit einem sehr leckeren Geschmack.

ZUCCHINI 'ONE BALL'

APRIL

→ **Zucchini, Mangold** und **Bohnen** kannst du nun im Haus vorziehen.

→ Die **Erbsen** kannst du direkt im Beet aussäen.

MAI

→ Die **Zucchinipflanze** und der **Mangold** dürfen ins Freiland gepflanzt werden.

→ Die **Erbsen** sind gekeimt und schauen bereits aus der Erde.

→ Auch die **Buschbohnen** dürfen ins Beet ziehen, bei eventuellen Nachtfrösten solltest du ein Winterschutzvlies bereithalten.

JUNI BIS JULI

→ Die ersten **Erbsenschoten** bilden sich aus und können teilweise sogar schon beerntet werden.

→ Der **Mangold** wächst und gedeiht wunderbar und kann bereits beerntet werden. Ernte die äußeren Blätter und lasse das Herz stehen.

→ Ab Ende Juni sind die ersten **Bohnen**, je nach Aussaatzeitpunkt, erntereif. Beernte die Pflanzen regelmäßig, dann bilden sich immer weiter neue Blüten.

→ Die **Zucchini** wird groß und die ersten Blüten und sogar die ersten Früchte bilden sich aus.

AUGUST BIS NOVEMBER

- Die **Zucchini** gibt alles und du kannst dich vor lauter Früchten kaum mehr retten. Bleibt das Wetter mild, kannst du noch bis in den Oktober hinein ernten.
- Deinen **Mangold** kannst du weiterhin beernten. Ist der Winter mild, kannst du deine Mangold-pflanzen bis ins nächste Jahr im Beet stehen lassen und auch im 2. Jahr weiter beernten.
- Die **Bohnen** können bis in den Oktober beerntet werden.

Rezept

MANGOLD-SPAGHETTI

Mangold sieht im Beet nicht nur hübsch aus, er ist auch noch richtig lecker. Hast du schon mal Mangold-Spaghetti probiert? Falls nicht, hast du auf jeden Fall etwas verpasst.

ZUTATEN

- 2 Zwiebeln
- 4 Knoblauchzehen
- 2 Tomaten, gestückelt
- 1 Paprikaschote
- 200 g Mangold
- 250 g Spaghetti
- Öl zum Braten
- frischer Schnittlauch
- Salz, Pfeffer und Paprikapulver nach Belieben

SO GEHT'S:

01 Zwiebeln, Knoblauch, Tomaten und Paprika klein schneiden. Mangold mit Stielen in grobe Stücke schneiden.

02 Spaghetti zusammen mit dem Mangold in einem Topf kochen, bis die Spaghetti al dente sind.

03 Zwiebeln, Paprika und Knoblauch in einer Pfanne mit etwas Öl andünsten.

04 Spaghetti, Mangold und Tomaten in die Pfanne geben.

05 Ein wenig Wasser hinzufügen und für 5 Minuten köcheln lassen.

06 Schnittlauch fein gehackt untermischen und mit den Gewürzen abschmecken.

BEETPLAN

SWEET AND SPICY

Die Kombination hört sich vielleicht komisch an, jedoch ist die Pflanzung von Erdbeeren und Knoblauch wirklich sehr beliebt, da der Knoblauch die Erdbeerpflanzen gesund hält und Schädlinge fernhält. Ebenso kann die Physalis – auch Andenbeere genannt – davon profitieren.

	Voranzucht	Direktsaat	Freilandpflanzung	Pflanzabstand	Reihenabstand
Erdbeere	Feb–April	-	ab Mai	20 cm	25 cm
Physalis	Feb–März	-	ab Mai	60 cm	60 cm
Knoblauch	-	-	März–April / Sep–Nov	10 cm	10 cm

Beet-Maße: 200 x 100 cm

ZEITAUFWAND: MODERAT

→ Regelmäßig gießen

→ Auf Schädlinge kontrollieren

→ Ernten

MEINE SORTENEMPFEHLUNGEN

Erdbeeren	→ **Rügen** – Mehrmals tragende, süße Sorte. Winterhart.
Physalis	→ **Don Ramon** – Kirschgroße, süße Früchte. Wuchshöhe bis 140 cm.

JANUAR BIS FEBRUAR

→ Im Januar erfolgt die Aussaat der **Physalis.**

→ Im Februar säst du die **Erdbeere** aus.

MÄRZ BIS APRIL

→ Ab März kann der **Knoblauch** bereits gesteckt werden.

→ Ab Ende April – je nach Wetterlage – dürfen **Erdbeeren** und **Physalis** ins Beet.

MAI BIS JUNI

→ Ende Mai/Anfang Juni bilden sich an den **Erdbeerpflanzen** die ersten Blüten.

→ Die **Andenbeere** wächst buschig und bildet die ersten, unreifen Früchte aus.

JULI BIS SEPTEMBER

→ Ab Juli werden die ersten **Erdbeeren** reif und können geerntet werden.

→ An den **Erdbeerpflanzen** bilden sich Ausläufer, die entfernt und neu eingepflanzt werden können.

→ Ab August werden langsam die ersten **Physalis** reif und können bis September geerntet werden.

TIPP

Achte darauf, dass du die Andenbeere nicht zu nah an die Erdbeerpflanzen setzt, da sie sehr groß werden und den Erdbeerpflanzen so Licht und Platz nehmen würden.

ANDENBEERE ÜBERWINTERN

Wusstest du, dass du deine Andenbeeren überwintern kannst, da sie mehrjährige Pflanzen sind? Im Oktober, am besten noch vor dem ersten Frost, kannst du deine Andenbeeren aus dem Beet nehmen und eintopfen.

SO GEHT'S:

01 Physalispflanze um mindestens die Hälfte zurückschneiden.

02 Vorsichtig, ohne die Wurzeln zu stark zu beschädigen, mit einem Spaten aus dem Beet holen.

03 Pflanze in einen größeren Topf setzen.

04 Über Winter an einen kühlen und hellen Ort stellen. Die Pflanzen sollten bei ca. 10–15 °C stehen.

05 Im Winter regelmäßig, aber wenig gießen, um Fäulnis zu vermeiden.

06 Ab Mitte Mai, wenn kein Frost mehr zu erwarten ist, können die Pflanzen wieder ins Beet gepflanzt werden.

TIPP

Ein weiterer Sortentipp für die Andenbeere ist die Sorte 'Schönbrunner Gold'. Die Früchte erreichen die Größe einer Kirschtomate und schmecken lecker fruchtig, süß-säuerlich.

BEETPLAN

DAS FIT-BEET

Das Fit-Beet ist ein ganz toller Beetplan. Denn bei einem Hochbeet benötigst du nicht unbedingt eine Rankhilfe für Gurken und Erbsen, sondern kannst sie ganz einfach am Hochbeet herunterhängen lassen. Das sieht nicht nur toll aus, auch die Ernte ist bei dieser Methode ein Kinderspiel.

	Voranzucht	Direktsaat	Freilandpflanzung	Pflanzabstand	Reihenabstand
Erbsen	-	Aug–Okt	-	3–4 cm	10–12 cm
Gurken	April–Juni	April–Mai	ab Mai	20 cm	80 cm
Dill	März–April	April–Aug	ab Ende April	8 cm	25 cm
Salat*	Jan–März	ab März	ab März	25 cm in der Reihe	25–30 cm

*Achtung, Lichtkeimer!

ZEITAUFWAND: MITTEL

→ Täglich gießen

→ Zwischendurch auf Schädlinge kontrollieren

→ Ernten

MEINE SORTENEMPFEHLUNGEN

Erbsen	→ **Sima** – Wintererbse, Aussaat im August
Freilandgurken	→ **Zitronengurke** – Interessante Freilandgurke mit großartigem Geschmack, ihr Aussehen ähnelt einer Zitrone. → **Marketmore** – Bitterfreie, widerstandsfähige Salatgurke fürs Freiland.
Salat	→ **Lollo Rossa** – Stark gekrauster, roter Salat. Sehr lecker und toll für bunte Salate, er kann die ganze Saison im Freiland angebaut werden. → **Lollo Bionda** – Helle Variante des Lollo Rossa, kann im Freiland von März bis Mitte August gepflanzt werden.

EINE TOLLE GURKENSORTE: DIE ZITRONENGURKE

NOVEMBER

→ Aussaat der **Wintererbse** 'Sima'. Sie ist winterhart und bekommt im Herbst ausgesät einen kleinen Wachstumsvorsprung.

APRIL BIS MAI

→ Im April lassen sich **Gurken** und **Salat** in Töpfen im Haus hervorragend vorziehen.

→ Der **Dill** kann ab April direkt im Beet ausgesät werden.

→ Die im Herbst ausgesäten **Erbsen** schauen bereits aus der Erde.

JUNI BIS JULI

- → Ab Juli zeigen sich erste Blüten an den **Gurken.**
- → Der **Salat** wächst und gedeiht und ist teilweise schon erntereif.
- → Die **Erbsen** wachsen empor und haben bereits erste Schoten ausgebildet, die teilweise schon beerntet werden können.

AUGUST BIS OKTOBER

- → Deine **Gurkenpflanze** beschenkt dich mit reichlich Gurken.
- → Die **Salate** sind auch bald abgeerntet.
- → Deine **Erbsen** können nach und nach geerntet werden.

MITTE OKTOBER BIS NOVEMBER

Dein Beet ist abgeerntet. Das kannst du jetzt im Herbst noch aussäen:

→ **Radieschen:** Man sagt, dass sich Radieschen lediglich bis Ende August noch gut aussäen lassen. Das muss aber nicht unbedingt stimmen, denn es kommt auf die Temperaturen und die Witterung im Herbst an. Bis Mitte Oktober dürfte das Aussäen also kein Problem sein.

→ **Spinat:** Auch der Spinat lässt sich je nach Temperaturen und Witterung noch bis Anfang November aussäen.

→ **Knoblauch:** Knoblauch kannst du bis Ende November noch ohne Probleme in deine Beete stecken.

TIPP

Sollte es doch zu kalt werden oder du möchtest die Keimung beschleunigen, nutze dazu ein Winterschutzvlies, das du dicht über die Erde spannst. So kann das Saatgut bei kühleren Temperaturen besser keimen, da das Vlies den Boden ein paar Grad wärmer hält.

DAS WINTER-SCHUTZVLIES IST WASSER- & LICHTDURCHLÄSSIG.

BEETPLAN

VIER FREUNDE

Die Kulturen, die du im Vier-Freunde-Beet findest, passen super zusammen und können – falls der Druck des Kohlweißlings zu hoch ist – alle zusammen unter ein Gemüseschutznetz, da keine der vier Kulturen Insekten als Bestäuber benötigt.

	Voranzucht	Direktsaat	Freilandpflanzung	Pflanzabstand	Reihenabstand
Wirsing	ab April	Mai–Juni	Mai	40–50 cm	60 cm
Rotkohl	Feb–April	ab März	ab März	50 cm	50 cm
Stangensellerie*	Feb–März	-	ab März	25 cm	40 cm
Rote Bete	März	April–Juli	April	8 cm	20–30 cm

*Achtung, Lichtkeimer!

ZEITAUFWAND: GERING (MIT GEMÜSESCHUTZNETZ)

→ Wöchentlich gießen

→ Wöchentlich mit Brennnesseljauche gießen

→ Ernten

MEINE SORTENEMPFEHLUNGEN

Wirsing	→ **Vertus 2** – Späte Sorte, mild im Geschmack und lagerfähig.
Rotkohl	→ **Roodkop** – Mittelfrüher, schwarzroter Kohl mit tollem Geschmack. Auch zum Einfrieren geeignet.
Stangen-sellerie	→ **Tango** – Stangensellerie mit sehr leckerem Aroma. Er ist reich an Vitamin C und Ballaststoffen. Er bildet lange und sehr glatte Stiele, ist schossfest und resistent gegen die Blattfleckenkrankheit.
Rote Bete	→ **Detroit 2** – Frühe, mittelgroße Sorte mit glatter Haut.

FEBRUAR BIS MÄRZ

→ Im Februar kann der **Stangensellerie** im Haus vorgezogen werden.

→ Im März sollten **Rotkohl** und **Wirsing** im Haus vorgezogen werden.

APRIL BIS MAI

→ Ab April kann die **Rote Bete** direkt im Beet ausgesät werden.

→ Ab Ende April – je nach Wetterlage – dürfen **Rotkohl** und **Wirsing** bereits in das Beet ziehen.

→ Ab Anfang Mai folgt der **Stangensellerie** ins Beet.

TIPP

Laut der Beetnachbarn-Tabelle (Seite 32) sollte man verschiedene Kohlarten normalerweise nicht zusammen in ein Beet setzen. Doch Platz und Möglichkeiten lassen manchmal keine andere Kombination zu. Setze sie etwas weiter auseinander, dann dürfte es hier kein allzu großes Gerangel um Platz und Nährstoffe geben.

AUGUST BIS NOVEMBER

→ Bis in den November hinein kann die **Rote Bete** geerntet werden.

→ Jetzt werden auch beide **Kohlsorten** erntereif.

→ Der **Stangensellerie** ist ausgewachsen und kann ebenfalls geerntet werden.

JUNI BIS JULI

→ Der **Kohl** wächst und gedeiht.

→ Ab Juli ist die erste **Rote Bete** erntereif.

→ Der **Stangensellerie** wächst und genießt das warme Wetter.

Rezept

WÜRZIG EINGELEGTE ROTE BETE

Rote Bete ist vielleicht nicht jedermanns Sache, aber würzig eingelegt schmeckt sie einfach super lecker und sollte unbedingt einmal probiert werden!

ZUTATEN

→ 1,5 kg Rote Bete

→ 6 mittelgroße Zwiebeln

→ 3 zerbröselte Lorbeerblätter

→ 15 Nelken

→ 15 Pimentkörner

→ 150 g Zucker

→ 250 ml Weißweinessig

→ 1 TL Salz

→ 7–8 Weckgläser à 500 ml

SO GEHT'S:

01 Rote Bete waschen, mit einer Gabel mehrmals einstechen und für 30–40 Minuten in Salzwasser weich kochen.

02 Rote Bete unter kaltem Wasser abschrecken, danach die Haut abziehen.

03 Rote Bete und Zwiebeln in dünne Scheiben schneiden und in die Gläser verteilen.

04 Wasser, Essig, Zucker und Gewürze aufkochen und in die Gläser füllen, dabei ca. 2 cm Luft zum Rand lassen.

05 Im Einkochautomaten für 30 Minuten bei 100 °C einwecken.

ROTE BETE IST REICH AN VITAMINEN UND EISEN UND IST DADURCH NICHT NUR GESUND, SONDERN AUCH SUPER LECKER.

BEETPLAN

DAS AZTEKENBEET

Das Aztekenbeet, auch Milpa-Beet genannt, ist eine der bekanntesten Pflanzkombinationen und sehr beliebt. Sie funktioniert allerdings eher direkt im Boden als im Hochbeet, da der Mais sehr hoch wächst.

	Voranzucht	Direktsaat	Freilandpflanzung	Pflanzabstand	Reihenabstand
Kürbis	April–Mai	Mai	Mai	80 cm	120 cm
Mais	April	Mai–Juni	Mai–Juni	60 cm	25 cm
Stangenbohnen	April	Mai–Juni	ab Mai	60 cm, 3–5 Korn pro Stange	100 cm

Beet-Maße: 200 × 100 cm

ZEITAUFWAND: MITTEL

→ Wöchentlich gießen

→ Ausschau nach Schädlingen halten

→ Wöchentlich mit Brennnesseljauche düngen

→ Ernten

MEINE SORTENEMPFEHLUNGEN

Kürbis	→ **Hokkaido Solor** – Festes, tief oranges Fruchtfleisch. Erreicht ein Gewicht von ca. 1 kg je Frucht.
Mais	→ **Sugrano** – Kräftig wachsender Zuckermais mit hohem Wuchs.
Stangenbohnen	→ **Neckarkönigin** – Sehr ertragreiche, starkwüchsige Sorte mit 30 cm langen, grünen Bohnen.

APRIL

- → Eine Voranzucht der **Maispflanzen** ab April ist bei dieser Beetart von Vorteil.
- → Der **Kürbis** sollte jetzt im Haus vorgezogen werden.

MAI

- → Ab Mai darf der vorgezogene **Mais** in das Beet gepflanzt werden. Er wird als Rankhilfe für die Stangenbohnen dienen.
- → Die **Stangenbohnen** werden um die Maispflanzen herum ausgesät.
- → Der **Kürbis** findet ebenfalls seinen Platz im Beet. Er wird den Boden mit seinem großen Blattwerk schattig und unkrautfrei halten.

JUNI

- → Die **Stangenbohnen** sind gekeimt und schlängeln sich langsam an den Maispflanzen nach oben.
- → Der **Mais** wächst ordentlich in die Höhe.
- → Der **Kürbis** nimmt deutlich an Größe zu und schlängelt sich mit seinen Ranken über das Aztekenbeet.

JULI

→ Der **Mais** hat seine endgültige Höhe erreicht und bildet Maiskolben aus.

→ Die **Bohnen** ranken sich am Mais empor und bilden bereits Blüten und Fruchtansätze aus.

→ Der **Kürbis** explodiert förmlich im Beet und auch er bildet bereits Blüten und Fruchtansätze aus.

AUGUST BIS NOVEMBER

→ Ab August ist der **Mais** erntereif und kann bis Mitte Oktober geerntet werden.

→ Die **Bohnen** bilden immer weiter neue Blüten aus und können in regelmäßigen Abständen beerntet werden.

→ Der **Kürbis** bildet bereits Früchte aus und kann ab Oktober beerntet werden.

TIPP

Der Mais sollte bei dieser Anbaumethode vorgezogen werden, damit er einen kleinen Wachstumsvorsprung zu den schnellwachsenden Bohnen hat.

WAS MACHE ICH IM WINTER MIT DEM HOCHBEET?

Dein Beet muss auch über den Winter nicht leer stehen. Ich gebe dir ein paar Ideen mit, welches Wintergemüse du hier aussäen kannst.

MÖHREN

Möhren kannst du im Grunde das ganze Jahr anbauen. Sie wandeln bei kalten Temperaturen Stärke in Zucker um. Aus diesem Grund sind die im Herbst ausgesäten Möhren auch süßer als die von der Frühlingsaussaat.

ASIASALATE

Asiasalate sehen nicht nur sehr dekorativ in der Salatschüssel aus, sondern sind auch noch sehr lecker. Die Aussaat erfolgt von September bis November. Da sie sehr kältetolerant sind, kannst du sie im Winter im Freiland anbauen und beernten.

WINTERPOSTELEIN

Auch Winterpostelein kannst du von September bis November aussäen. Der Winterpostelein, oder auch Winterportulak genannt, schmeckt leicht nussig – ähnlich wie der Feldsalat.

KAPITEL 03

Keine ZEIT zum VORZIEHEN

Kaufen oder doch lieber vorziehen? Hast du auch schon oft im Pflanzencenter vor der riesigen Auswahl an Gemüse-Jungpflanzen gestanden? In diesem Kapitel möchte ich dir gerne die Anzucht von Gemüsepflanzen zu Hause etwas näherbringen, und ich zeige dir ein paar Möglichkeiten auf, was geht und was nicht.

KRIBBELT'S DIR AUCH SCHON IN DEN FINGERN?

Viele Hobbygärtner*innen kennen es: Ab Januar möchte man so schnell wie möglich wieder in den Garten und die Hände in die Erde graben, aber das geht natürlich noch nicht. Stattdessen kannst du dich aber schon mal mit deiner Voranzucht beschäftigen.

Machen wir uns nichts vor: Natürlich ist der Gang ins Pflanzencenter, um sich mit Jungpflanzen für die kommende Saison einzudecken, um einiges einfacher und bequemer, als selbst Pflanzen vorzuziehen. Aber es ist nicht mal halb so schön. Seine Pflanzen selbst großzuziehen und sich um sie zu kümmern, ist einfach ein unfassbar besonderes Gefühl, welches die Vorfreude auf die bevorstehende Gartensaison wachsen lässt. Für mich persönlich überwiegen die Vorteile einer eigenen Anzucht enorm und ich sage dir auch warum.

VORTEILE

→ Du kannst Sorten vorziehen, die du so einfach nicht im Pflanzencenter erhältst. Allein bei den Tomaten gibt es Hunderte von verschiedenen Sorten, die du nicht als fertige Jungpflanze kaufen kannst.

→ Du weißt später genau, wie und unter welchen Bedingungen die Pflanze groß geworden ist.

→ Das Glückserlebnis, die Saison bereits im Januar wieder mit der Anzucht zu starten.

… und seien wir mal ehrlich: Es gibt doch nichts Schöneres, als täglich nach seinen Jungpflanzen zu schauen, sich um sie zu kümmern, zu sehen wie sie wachsen und nach neuen Blattpaaren Ausschau zu halten … oder?

Für mich überwiegen die Vorteile ganz klar und es macht einfach unheimlichen Spaß, seinen Pflanzen beim Wachsen zuzusehen.

NACHTEILE

→ Eine Voranzucht ist eventuell aufwendig und benötigt Zeit.

→ Außerdem solltest du dir Gedanken machen, ob du überhaupt Platz für eine Anzucht hast und ob der gewählte Ort geeignet ist – ist er hell genug oder wird eine Pflanzenlampe benötigt?

DAS SPART ZEIT!

Mache dir vorher eine Liste mit den Sorten, die du aussäen möchtest und schreibe dir auf, wann der perfekte Aussaatzeitpunkt (siehe Tabelle auf den Seiten 90/91) ist. So hast du alles im Blick und weißt sofort, wann was zu tun ist.

DAS BENÖTIGST DU FÜR DIE ANZUCHT

Es gibt verschiedene Arten und Wege, die eigenen Pflanzen aufzuziehen. Ich stelle dir hier einige meiner liebsten Anzucht-Must-haves vor, auf die ich nicht mehr verzichten möchte.

→ **Die Erdballenpresse:** Mit ihr presst du Erde zu kleinen Erdballen, in die du dann dein Saatgut aussäst. Auf den Seiten 92 und 93 erläutere ich sie dir noch ein wenig näher, denn ich bin absolut begeistert von diesem Gerät und kann es dir wärmstens empfehlen.

→ **QuickPot-Anzuchtplatten aus Kunststoff:** Es gibt sie in verschiedenen Größen. Mit den Platten hast du die Möglichkeit, viele Pflanzen auf kleinstem Raum unterzubringen.

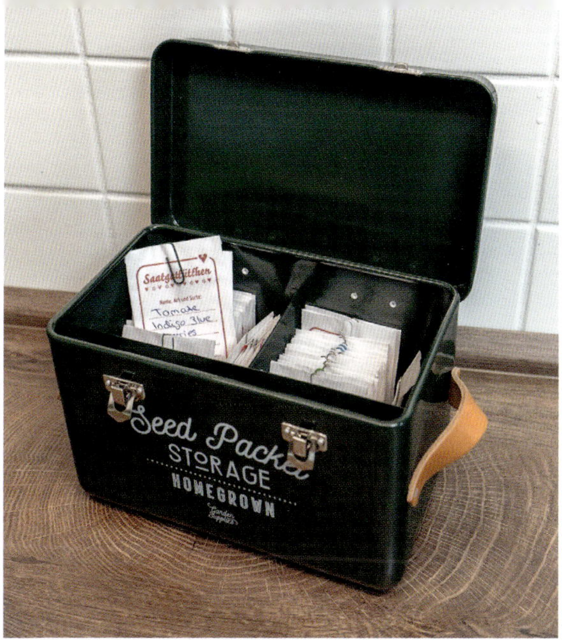

- **Mini-Gewächshäuser für die Fensterbank:** Sie funktionieren wie ein Treibhaus, nur in klein. Dadurch bleibt die Erde deiner Anzucht feucht und vertrocknet nicht so schnell, das ist sehr wichtig für die Keimung.
- **Kokosquelltabs und Kokostöpfchen:** Eine nachhaltige Alternative zu Töpfen aus Kunststoff. Sie können später mitsamt der Pflanze ins Beet vergraben werden und verrotten mit der Zeit.
- **Der Pikierstab:** Mit dem Pikierstab kannst du mühelos deine Jungpflanzen pikieren. Das bedeutet, die jungen Pflanzen zu vereinzeln, solltest du mehrere in einem Töpfchen ausgesät haben.
- **Pflanzenlampen:** Ich benutze für die Anzucht gerne LED-Pflanzenlampen. Sie sind eine gute Ergänzung für die Anzucht, aber kein Muss.
- **Gute Anzuchterde:** Achte darauf, dass die Erde flockig ist. Außerdem sollte sie nährstoffarm sein, da die meisten Jungpflanzen nährstoffarme Erde benötigen.
- **Saatgut:** Das Saatgut ist natürlich das Allerwichtigste. Achte am besten auf samenfestes Bio-Saatgut.

Oft siehst du bei Gleichgesinnten das Phänomen, dass sie bereits im Dezember oder Januar das erste Saatgut unter die Erde bringen. Das kannst du machen, musst du aber nicht. Lass dich bei der Anzucht nicht stressen! Meist verfügen diese Hobbygärtner*innen über das benötigte Equipment und die perfekten Anzuchtbedingungen. Hast du beispielsweise nur begrenzten Platz in deiner Wohnung, dann lass dir ruhig noch etwas Zeit.

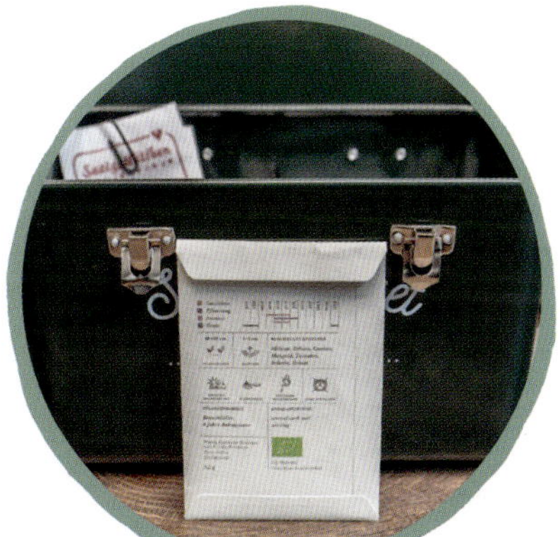

TIPP

Übrigens findest du auch immer den richtigen Aussaatzeitpunkt, die Aussaattiefe und weitere Infos auf der Rückseite deiner Saatguttütchen.

WANN IST DER RICHTIGE AUSSAATZEITPUNKT?

Das variiert von Gemüse zu Gemüse. Zur Übersicht findest du in dieser Aussaattabelle den jeweiligen Aussaatzeitraum oder -zeitpunkt, die Keimdauer, -temperatur und weitere hilfreiche Angaben. Damit gelingt dir deine Jungpflanzenanzucht garantiert!

Gemüsesorte	Aussaat	Keimdauer	Keimtemperatur	Saattiefe	Pflanzabstand	Voranzucht und Pflanzzeitpunkt
Aubergine	Januar bis März	2 bis 4 Wochen	20–25 °C	1 cm	50 cm	Voranzucht im Haus, Freiland ab Mai
Basilikum*	ganzjährig	12 bis 15 Tage	15–18 °C	0 cm	50 Korn pro lfdm	ins Freiland ab Mai
Stangen- und Feuerbohnen	ab April	ca. 1 Woche	über 12 °C	5 cm	5–10 cm	Voranzucht im Haus ab April möglich
Buschbohnen	ab April	ca. 1 Woche	über 12 °C	5 cm	5–10 cm	Voranzucht im Haus ab April möglich
Blumenkohl	Ende Januar	8 bis 12 Tage	15–16 °C	1 cm	50 x 50 cm	ins Freiland ab April/Mai
Brokkoli	ab Februar	8 bis 12 Tage	15–20 °C	1 cm	50 x 50 cm	ins Freiland ab April/Mai
Chili	Januar bis März	10 bis 14 Tage	25–28 °C	1 cm	50 x 50 cm	Voranzucht im Haus, Freiland ab Mai
Erbsen	März bis Juni	8 bis 14 Tage	15–20 °C	4–6 cm	3–4 cm	im Freiland ab März
Erdbeeren	Januar bis März	2 bis 6 Wochen	20 °C	0,5 cm	30 x 35 cm	ins Freiland ab Ende April

Gemüsesorte	Aussaat	Keimdauer	Keimtemperatur	Saattiefe	Pflanzabstand	Voranzucht und Pflanzzeitpunkt
Gurken	Mitte April	4 bis 6 Tage	22–28 °C	2–3 cm	50 cm	ins Freiland ab Mai
Kohl	Januar bis März	6 bis 12 Tage	18–20 °C	1–2 cm	50 cm	ins Freiland ab April
Kohlrabi	Februar bis August	5 bis 8 Tage	16–20 °C	1–2 cm	25 cm	ins Freiland ab April
Lauch/Porree	Januar	12 bis 16 Tage	16–18 °C	0,5–1 cm	10 cm	ins Freiland ab März
Mais	April bis Juni	5 bis 8 Tage	25 °C	4–5 cm	10 cm	Voranzucht oder Direktsaat ab April
Mangold	März bis August	10 bis 14 Tage	15–20 °C	2–3 cm	20 cm	Voranzucht oder Direktsaat ab April
Möhren	Februar bis Juli	15 Tage	15–18 °C	1–2 cm	2,5 cm	Direktsaat im Beet
Paprika	Februar bis März	10 bis 20 Tage	25 °C	1 cm	50 cm	Voranzucht im Haus, Freiland ab Mai
Pastinake	April bis Juni	7 bis 12 Tage	10–12 °C	2 cm	5–15 cm	Direktsaat im Beet
Pflück- und Kopfsalat*	März bis August	10 Tage	10–16 °C	0 cm	15–20 cm	fertiges Saatband sehr praktisch
Radieschen	März bis September	12 Tage	10–15 °C	1 cm	3–5 cm	Direktsaat im Beet
Rote Bete	März bis Mai	12 bis 14 Tage	18–20 °C	3 cm	10 cm	Direktsaat im Beet
Sellerie*	Februar bis Mai	15 Tage	20 °C	0 cm	30 cm	ins Freiland ab April
Spinat	Januar bis September	8 bis 12 Tage	18 °C	1–2 cm	5 cm	Direktsaat im Beet
Tomaten	März bis April	6 bis 8 Tage	22–28 °C	1 cm	50 cm	Voranzucht im Haus, Freiland ab Mai
Zucchini	April bis Juni	6 bis 8 Tage	22 °C	2,5 cm	100 cm	Voranzucht im Haus, Freiland ab April

*Achtung, Lichtkeimer!

DIE ERDBALLENPRESSE

Ich habe dir die Erdballenpresse bereits bei meinen Must-haves aufgezählt und möchte diese wirklich nicht mehr missen während der Anzuchtzeit. Im Folgenden führe ich aus, warum ich so begeistert von ihr bin.

DAS BENÖTIGST DU FÜR DEINE PERFEKTEN ERDBALLEN

→ Die Erdballenpresse

→ Anzuchterde, am besten eine feinere ohne grobe Stücke

→ Naturbelassenes Katzenstreu (ohne Duftstoffe)

→ Wasser

→ Saatgut

→ Eine durchsichtige Box mit Deckel (für den Treibhauseffekt)

VORTEILE DER ERDBALLENPRESSE

→ Nachhaltiger kannst du deine Anzucht nicht gestalten.

→ Kein Nachkaufen mehr von Quelltabs und Kokostöpfchen, so sparst du eine Menge Geld.

→ Die Erdballen benötigen nur wenig Platz in deiner Anzuchtstation.

→ Der Erdballen wird komplett mit den Wurzeln ins Beet gesetzt. Dadurch kannst du das Pikieren umgehen, welches nur Stress für das zarte Pflänzchen bedeuten würde.

SO PRESST DU PERFEKTE ERDBALLEN

01 Mische ca. 10 Liter Anzuchterde, 1 Tasse Katzenstreu und ca. 1 Liter Wasser.

02 Die Erde sollte sich gut in der Hand formen lassen. Ist die Erde zu nass oder zu trocken, fallen die Erdballen schnell auseinander.

03 Fülle die Erdballenpresse mit der Erde und drücke gegebenenfalls mit der Handfläche etwas nach.

04 Positioniere die Presse in der Box und drücke sie herunter. Das wiederholst du so oft, wie du Erdballen benötigst.

05 Lege das Saatgut in das Loch und verschließe es.

06 Besprühe die Erde mit Wasser. Lege den Deckel auf die Box und stelle sie an einen hellen Ort.

TIPP

Das Katzenstreu bindet die Erde und hält den Ballen besser zusammen. Achte darauf, dass du Katzenstreu ohne Zusätze wie Duftstoffe verwendest.

DAS SPART ZEIT!

Sobald die Pflanzen groß genug sind, kannst du die Jungpflanzen mitsamt Erdballen im Beet vergraben.

GEHT DIR EIN LICHT AUF?

Mir werden oft Fragen zu meinen Pflanzenlampen gestellt, und ich dachte mir, ich bringe mal ein wenig Licht ins Dunkel – was für ein fantastisches Wortspiel.

PFLANZENLAMPE – JA ODER NEIN?

Du benötigst nicht unbedingt eine Pflanzenlampe. Wenn du ein helles Südfenster oder einen hellen Flur hast, in dem die Temperaturen weder zu niedrig noch zu hoch sind (17–19 Grad sind ideal), dann hast du den perfekten Anzuchtort gefunden. Da mir leider beides nicht zur Verfügung steht, muss ich auf Pflanzenlampen zurückgreifen.

LICHT FÜR DIE PFLANZEN

Ich schwöre auf die blau/roten LED-Lampen. Mit einem Abstand von ca. 30–50 cm habe ich sie über meinen Anzuchtpflanzen hängen und lasse sie für etwa 14 Stunden am Tag leuchten.

Hast du ein helles Fenster und möchtest das Tageslicht verlängern, kannst du abends noch zusätzlich mit einer Lampe arbeiten.

VORTEILE DER PFLANZENLAMPEN

→ Vitales, gesundes Pflanzenwachstum

→ Licht- und Wetterunabhängigkeit im Winter

→ Die Pflanzen sind später robuster gegen UV-Strahlung.

NACHTEILE DER PFLANZENLAMPEN

→ Anschaffungskosten

→ Die Lampen sind zwar stromsparend, verbrauchen aber natürlich dennoch Strom.

TIPP

Sämlinge mögen es nach der Keimung eher kühl, dafür gern sehr hell. Ansonsten besteht die Gefahr, dass sie lang, dünn und kraftlos werden – das nennt man Vergeilen oder Spargelwuchs.

VORANZUCHT ODER DIREKTSAAT?

Es gibt Gemüsesorten, die du gar nicht erst vorziehen brauchst. Passen die Wetterbedingungen sowie Temperaturen, kannst du auch direkt im Beet aussäen. Somit sparst du dir die komplette Voranzucht und hast dein Gemüse direkt dort, wo du es haben willst.

Ich habe dir eine kleine Auflistung zusammengestellt, welche Gemüsesorten sehr gut direkt im Beet ausgesät werden können und welche eine Voranzucht im Haus benötigen. Teilweise geht sogar beides.

Bei Buschbohnen beispielsweise wird eine Direktsaat in Reihen oder eine Horstsaat empfohlen. Eine Horstsaat bedeutet, dass du vier bis fünf Bohnen zusammen in ein Loch setzt – somit wachsen die Bohnen im Horst. Das geht natürlich direkt im Beet, ich ziehe sie allerdings gerne in kleinen Töpfchen vor, da mir oft die frechen Amseln in unserem Garten die Bohnen aus den Beeten holen, bevor sie überhaupt keimen können.

DAS SPART ZEIT!

Um Zeit zu sparen, empfehle ich dir, grundsätzlich alle Kulturen, bei denen eine Direktsaat funktioniert, wie zum Beispiel Möhren, direkt im Beet auszusäen. So sparst du dir eine zeitaufwendige Anzucht.

DIREKTSAAT VS. VORANZUCHT

Gemüsesorte	Direktsaat	Voranzucht
Aubergine		x
Bohnen	x	x
Blumenkohl		x
Brokkoli		x
Erbsen	x	
Erdbeeren	x	x
Fenchel		x
Gurken		x
Kohl		x
Kohlrabi	x	x
Lauch/Porree	x	x
Mais	x	x
Mangold		x
Möhren	x	
Paprika		x
Pastinake	x	
Pflück- und Kopfsalat	x	x
Radieschen	x	
Rote Bete	x	x
Sellerie		x
Spinat	x	
Tomaten		x
Zucchini	x	x
Zwiebeln	x	x

GEKEIMTE RADIESCHEN DURCH DIREKTAUSSAAT IM BEET

WELCHES SAATGUT IST DAS RICHTIGE?

Stehst du auch oft im Baumarkt oder im Gartencenter vor den bunten, einladenden Saatguttütchen? Ich erkläre dir im Folgenden worauf du achten solltest, um auch wirklich starke Pflanzen und leckeres Gemüse zu erhalten.

IST DAS SAATGUT BIOZERTIFIZIERT?

Achtest du auch darauf, deinem Garten keinen künstlichen Dünger oder sogar Pflanzenschutzmittel zuzuführen? Dann solltest du auf jeden Fall biozertifiziertes Saatgut wählen. Denn die Pflanzen, von denen dieses Saatgut stammt, wurden mit keinem dieser Stoffe in Berührung gebracht und bringen dadurch starke, widerstandsfähige Pflanzen in deinen Garten, da sie von bereits abgehärteten Pflanzen stammen.

IST DAS SAATGUT EINE HYBRIDSORTE ODER IST ES SAMENFEST?

Hybridsorten sind auf den Samentütchen meist mit dem Zusatz „F1" gekennzeichnet. Hybridsaatgut stammt von Pflanzen, die mit einer anderen Sorte gekreuzt wurden, um sie widerstandsfähiger und ertragreicher zu züchten. Das ist soweit erst einmal ganz toll, denn du hast im ersten Jahr starke Pflanzen. Allerdings ist das Hybridsaatgut meist teurer und du kannst von den Pflanzen kein Saatgut für das darauffolgende Jahr sichern, da es sehr ungewiss ist, was für eine Pflanze aus diesem entstehen wird. Deshalb setze besser auf samenfestes Saatgut, damit du auf der sicheren Seite beim Vermehren bist. Entnimmst du das Saatgut einer Pflanze, die aus samenfestem Saatgut gezogen wurde, dann kannst du dir sicher sein, dass du wieder eine Pflanze aufziehen wirst, die die gleichen Eigenschaften aufweist wie die der Mutterpflanze.

Wie du das Saatgut deiner Pflanzen sicherst und wie du deine Pflanzen über Stecklinge vermehren kannst, das verrate ich dir auf den nächsten Seiten.

TIPP

Schau dir dein Saatguttütchen genau an, bevor du es kaufst. Ist es biozertifiziert oder F1?

ERNTE DEIN EIGENES SAATGUT

Eigenes Saatgut zu ernten, spart nicht nur Zeit, sondern schont zusätzlich deinen Geldbeutel. Worauf du achten solltest und wie du dir das Saatgut von Basilikum, Bohnen, Erbsen, Salat, Tomaten, Chili und Paprika sicherst, zeige ich dir auf den nächsten Seiten.

DARAUF SOLLTEST DU ACHTEN

→ Das Saatgut sollte von einer aus samenfestem Saatgut gezogenen Pflanze stammen.

→ Die Pflanze, der du das Saatgut entnehmen möchtest, sollte gesund sein.

→ Lass die Pflanze, der du Samen entnehmen möchtest, so lange im Beet stehen, bis sie in die Blüte geht.

→ Bei Gurken, Zucchini und Kürbis ist darauf zu achten, dass die Bestäubung nicht gekreuzt wird. Das kann passieren, wenn eine Biene von einer Blüte zu einer weiteren Blüte einer anderen Sorte fliegt. Entnimmst du dann aus dieser gewonnenen Frucht Saatgut, kann es passieren, dass die Früchte der Pflanzen im darauffolgenden Jahr ungenießbar sind. Sie schmecken bitter und sollten dann auf keinen Fall mehr verzehrt werden, da sie giftig sein könnten. Versuche dies zu verhindern, indem du zum Beispiel nur eine Kürbissorte anbaust und deine Zucchinipflanzen so weit weg vom Kürbis pflanzt, wie es nur geht.

HINWEIS

Geschossener Salat – so nennt man Salat, der in die Blüte geht. Er wächst nicht mehr kompakt, sondern nach oben und bildet dort seine Blüten aus. Das passiert oft im Sommer, wenn es sehr warm ist. Es gibt aber auch schossfeste Sorten.

EINFACH VERMEHREN

Von diesen Gemüsekulturen kannst du ganz leicht Saatgut entnehmen:

BOHNEN

Lasse die Bohnenschoten deiner Busch- oder Stangenbohnen so lange an der Pflanze, bis du die dicken Bohnen durch die Schote ertasten kannst. Ernte die Schoten, pule die einzelnen Bohnen heraus und trockne sie gut, bevor du sie lagerst.

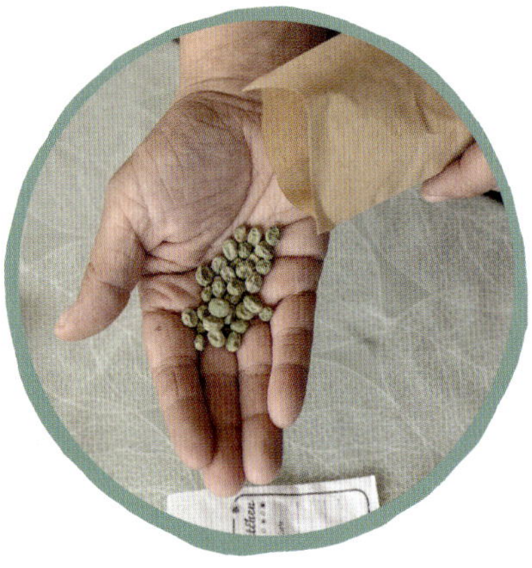

ERBSEN

Wie bei den Bohnen entnimmst du die Erbsen aus ihren Schoten, sobald sie groß genug sind. Auch hier solltest du darauf achten, dass du die Erbsen gut trocknen lässt.

SALAT

Lass einen deiner Salatköpfe im Beet stehen und in die Blüte gehen. Sobald die Blüten vertrocknet sind, kannst du diese ernten. Öffne dazu die vertrockneten Blüten und sammle die kleinen Körner in einem Saatguttütchen.

BASILIKUM

Bei Basilikum verfährst du genauso wie beim Salat. Warte die Blüte ab und ernte das Saatgut, sobald die Blüten vertrocknet sind. Das geht auch bei diversen anderen Kräutern.

PAPRIKA & CHILI

Öffne die Schoten nach der Ernte und entnimm die Kerne. Lass sie ein paar Tage auf einem Küchenpapier trocknen und lagere das Saatgut danach in einem Saatguttütchen.

TOMATEN

Tomaten sind mein absolutes Lieblingsgemüse, wenn es darum geht, Saatgut zu sichern. Da es einfach so viele verschiedene Tomatensorten gibt, liegt die Saatguternte nahe. Ich zeige dir Schritt für Schritt, wie das geht.

DAS SPART ZEIT!

Schaffe dir eine schöne Saatgutbox an, in der du dein Saatgut nach Gemüsesorten sortieren kannst. Dann hast du alles gut im Blick und schnell das richtige Saatgut zur Hand.

TOMATEN-SAATGUT ERNTEN

Bei Tomaten sitzen die Samen in einer dotterartigen Masse. Diese muss entfernt werden, bevor das Saatgut entnommen werden kann.

01 Entferne das Tomateninnere mit einem Löffel.

02 Das Saatgut kommt mit seinem Dotter nun in ein Glas, gefüllt mit Wasser. Lass es zwei bis drei Tage stehen. In dieser Zeit löst sich der Dotter vom Saatgut und du kannst es danach in ein feines Sieb abschütten.

03 Das Saatgut wird auf einen Kaffeefilter gestrichen und für einige Tage zum Trocknen liegen gelassen.

04 Sobald das Saatgut gut durchgetrocknet ist, kann es in Saatguttütchen gefüllt werden. Denke an die Sortenbezeichnung!

PFLANZEN ÜBER STECKLINGE VERMEHREN

Wusstest du, dass du einige deiner Pflanzen ganz einfach über Stecklinge vermehren kannst? Einfacher und schneller geht es nun wirklich nicht, wenn du deine Pflanzen vermehren möchtest.

Mit folgenden Gemüse-, Obst- und Kräuterpflanzen kannst du diese Methode spielend leicht anwenden:

UND SO FUNKTIONIERT'S

Schneide im Frühjahr bis zum frühen Sommer einen ca. 10–20 cm langen Trieb, der mehrere Blätter besitzt, deiner ausgewählten Pflanze ab. Es sollten junge, nicht verholzte Triebe sein. Halbiere die Blätter, die an dem Trieb sitzen, und setze die Stecklinge in feuchte Gartenerde. Da das Wasser über die Blätter verdunstet, sollte man diese gut einkürzen, damit die Stecklinge schnell Wurzeln bilden können.

DAS SPART ZEIT!

Wenn du deine Stecklinge ganz schnell zum Wurzeln bringen möchtest, stelle sie in ein Glas mit Wasser und warte ab, bis sich die ersten Wurzeln gebildet haben. Denn im Wasser geht das super schnell!

HINWEIS

Vor allem Tomaten lassen sich wunderbar über ihre Geiztriebe vermehren. Eine genaue Erklärung, wie du deine Tomaten ausgeizt, findest du auf Seite 55. Den Geiztrieb stellst du einfach in Wasser und wartest ein bis zwei Wochen. Danach ist der Geiztrieb bewurzelt und du kannst ihn in Erde setzen.

KAPITEL 04

Keine ZEIT zu PFLEGEN

Hast du vor allem im Sommer auch nie genug Zeit, um dich ausgiebig um den Garten zu kümmern? Keine Sorge, so geht es mir auch oft ... Das Schwimmbad ruft, der Urlaub steht an – wer will da schon im Garten schuften? Damit du trotzdem alles unter einen Hut bekommst – auch wenn du mal keine Zeit zum Gärtnern hast – habe ich dir einige Tipps und Tricks zusammengefasst, die dir die Pflege deiner Hochbeete bei Zeitmangel immens erleichtern.

DAS PFLEGE-LEICHTE BEET

Die beste Möglichkeit, um Zeit bei der Beetpflege zu sparen, ist, das Beet von Anfang an pflegeleicht zu gestalten. Dafür wirst du mir vor allem danken, wenn die Zeit mal drängen sollte.

TIPPS FÜR EIN PFLEGELEICHTES BEET

→ Säe deine Aussaaten oder pflanze deine Jungpflanzen in Reihen aus. Das hört sich jetzt vielleicht etwas langweilig an, ist dennoch sehr zeitsparend, wenn es um das Unkrautjäten geht. So gehst du einfach mit einer Harke durch die Reihen und hast diese Arbeit super schnell erledigt.

→ Gehe regelmäßig durch deine Beete und schaue dir deine Pflanzen genau an. Dadurch erkennst du sehr schnell, was gemacht werden muss und ob Schädlinge am Werk sind. Entdeckst du Unkraut, kannst du auch direkt Hand anlegen.

→ Nimm dir an einem Tag Zeit und erledige alle Aussaaten und Auspflanzungen, die gerade anstehen. So bekommst du diese Arbeiten innerhalb kürzester Zeit erledigt und vermeidest, dass bei dir in der Wohnung ein Indoor-Dschungel mit Gemüsejungpflanzen heranwächst und plötzlich alle Kulturen gleichzeitig in ihr jeweiliges Beet gebracht werden möchten. Das beugt Stress vor.

→ Stelle Insektenhotels auf und schaffe Ecken, in denen sich Nützlinge heimisch fühlen. Siedeln sie sich in deinem Garten an, helfen sie dir im Kampf gegen einige Schädlinge. Ein weiterer Punkt, um

den du dich nicht kümmern musst, solltest du wenig Zeit haben.

→ Mulche deine Beete! Weitere Infos dazu erhältst du von mir auf den Seiten 108 und 109.

DIE NO-DIG-METHODE

Eine weitere tolle Möglichkeit, um dein Beet pflegeleicht zu gestalten, ist die No-Dig-Methode. Diese kannst du allerdings nicht für dein Hochbeet nutzen. Solltest du aber zusätzlich ein Bodenbeet planen, dann solltest du diese Methode mal ausprobieren – einfach, um Zeit und Kräfte zu sparen.

No Dig bedeutet „nicht umgraben", das heißt, du legst dir ein Beet an – auf deinem Rasen zum Beispiel – ohne diese Fläche vorher umgraben zu müssen. Ein Traum, oder?

SO FUNKTIONIERT ES

01 Mähe die Fläche, auf der das Beet entstehen soll, mit dem Rasenmäher ab. Lege dann auf die Fläche eine dünne, unbedruckte Pappe aus, am besten überlappend, damit der gesamte Boden bedeckt ist.

02 Lege eventuell Randsteine oder Randhölzer aus, um das Beet abzugrenzen.

03 Auf die Pappe kommt eine Schicht Grasschnitt, Laub, Gemüse- und Obstabfälle, also nährstoffreiches Material.

04 Darauf kommt eine Schicht reifer Kompost.

05 Als letzte Schicht ergänzt du nährstoffreiche Erde.

DAS SPART ZEIT!

Ein No-Dig-Beet ist ohne großen Kraftaufwand angelegt. Durch die Pappe werden Unkräuter unterdrückt, und durch den Kompost ist der Boden wärmer und eignet sich hervorragend als Gemüsebeet.

MULCH IT, BABY!

Jetzt habe ich einen wirklichen Gamechanger für dich, wenn es darum geht, dein Beet pflegeleicht zu gestalten: mulchen, mulchen, mulchen!

WAS BEDEUTET MULCHEN?

Wenn du mulchst, bedeckst du den Boden um deine Pflanzen herum mit einer Schicht aus organischem Material. Die Mulchschicht unterdrückt Unkraut und hält die Feuchtigkeit im Boden, so musst du vor allem im Sommer weniger gießen, da ein nackter Boden unter der warmen Sommersonne natürlich viel schneller austrocknet als ein abgedeckter Boden.

VORTEILE VON GEMULCHTEN BEETEN

→ Der Boden verliert nicht so schnell an Feuchtigkeit.

→ Unkraut wird unterdrückt.

→ Der Boden speichert Wärme – viele Gemüsesorten lieben das.

→ Der Boden wird durch Nährstoffe des verrottenden Mulches verbessert.

→ Durch Verrottung gibt der Mulch Nährstoffe ab und wirkt wie ein Dünger.

Natürlich gibt es auch den altbekannten **Rindenmulch,** den würde ich dir allerdings nicht für deinen Gemüsegarten empfehlen, da er den Boden durch seine Gerbstoffe sauer macht. Nimm diesen eher für Beerensträucher, die mögen den Boden gerne etwas saurer. Aufpassen solltest du auch bei **Holz und Stroh** als Mulchschicht. Diese geben zwar durch die Verrottung Nährstoffe ab, entziehen dem Boden allerdings auch Stickstoff, den deine Pflanzen jedoch dringend benötigen. Hier solltest du auf jeden Fall mit einem Stickstoffdünger nachdüngen.

Auf Seite 114 findest du mein Rezept zur selbstgemachten Brennnesseljauche, die im Übrigen ein toller Stickstoffdünger ist.

WELCHE MATERIALIEN EIGNEN SICH GUT ALS MULCHSCHICHT?

- → Kompost
- → Rasenschnitt – lass ihn zwei bis drei Tage trocknen, um Schimmel zu verhindern.
- → Stroh
- → Laub
- → Heckenschnitt
- → Staudenschnitt
- → Gehäckselte Zweige – es gibt auch fertig gehäckseltes Material zu kaufen.

TIPP

Greife für deine Gemüsebeete auf Hackschnitzel ohne Rinde zurück. Oft werden diese in Baumärkten und Gartencentern als Hochbeetgrundfüllung verkauft.

Deine Mulchschicht sollte nicht zu dünn sein: Je nach Pflanzengröße kannst du eine Schichtdicke von 10–30 cm ausbringen. Gieße nicht nur deine Pflanzen, sondern halte auch die Mulchschicht feucht, damit sie sich zersetzen kann.

DIY

WIR BAUEN OLLAS

Du hast es mit Sicherheit auch schon bemerkt, dass unsere Sommer immer heißer und trockener werden. Daher wird sich der Einsatz selbstgebastelter Ollas im Hochbeet sehr bewähren. Dadurch sparst du nicht nur Zeit bei der Bewässerung, sondern kannst dir immer sicher sein, dass deine Pflanzen mit genügend Wasser versorgt sind.

WAS SIND OLLAS?

Ollas sind eine kostengünstige und zeitsparende Hilfe im Garten, um deine Pflanzen mit Wasser zu versorgen. Grabe sie in dein Hochbeet zwischen deine Gemüsepflanzen ein. Durch ein Loch füllst du sie mit Wasser. Der Ton saugt sich voll und gibt das Wasser nach und nach an die Erde ab. So gelangt es direkt an die Wurzeln und verdunstet nicht an der Erdoberfläche.

Das benötigst du

→ Einen großen unglasierten Tontopf

→ Einen etwas kleineren unglasierten Tontopf

→ Einen kleinen Untersetzer aus Ton

→ Silikon oder Bienenwachs

→ Zwei Weinkorken

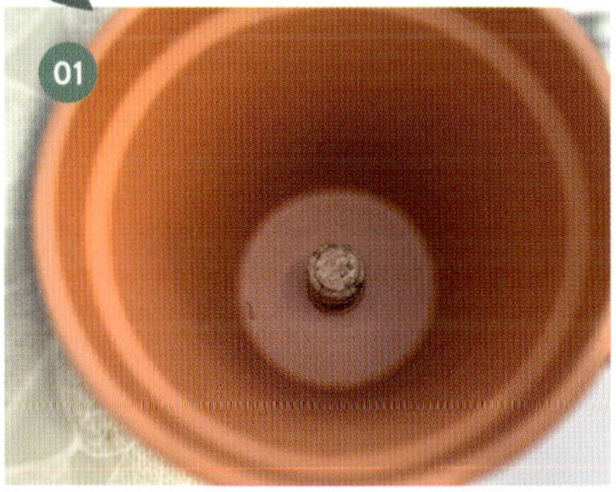

So geht's

01 In das Loch des größeren Tontopfes wird der Korken gesteckt, um es zu verschließen. Das Wasser sollte an dieser Stelle nicht auslaufen können.

02 Den anderen Korken legst du einfach in den Topf hinein, er dient später als Schwimmer, damit du den Wasserstand genauer sehen kannst.

03 Den kleineren Topf stülpst du verkehrt herum auf den größeren Topf und verklebst beide mit Bienenwachs oder Silikon miteinander.

04 Jetzt kannst du die Olla in deinem Beet vergraben. Achte darauf, dass die Olla ein paar Zentimeter aus der Erde schaut. Über das Loch kannst du das Wasser einfüllen. Ein kleiner Tonuntersetzer verschließt das Loch, damit keine Insekten ertrinken.

SELFMADE DÜNGER

Damit deine Gemüsepflanzen und vor allem die Starkzehrer unter ihnen bestens mit Nährstoffen versorgt werden, benötigen sie Dünger. Ich stelle dir drei Methoden vor, mit denen du einfach deinen eigenen Dünger herstellen kannst, ohne dir teure chemische Mittel besorgen zu müssen.

BOKASHI

Eine tolle Methode, um deine Küchenabfälle in Dünger zu verwandeln, ist Bokashi. Hier sammelst du deine **Küchenabfälle** wie Obstschalen, Kaffeesatz und Eierschalen in einem Bokashi-Eimer. Zusätzlich fügst du **effektive Mikroorganismen, Pflanzenkohle** und **Urgesteinsmehl** hinzu. Daraus entsteht die wertvolle Schwarzerde, auch „Terra Preta" genannt. Im übersetzten Sinne fermentierst du deine Küchenabfälle in einem Eimer mit Auslaufhahn. Hier hast du den Vorteil, dass du wöchentlich den anfallenden Bokashisaft über den Hahn ablassen kannst. Der Bokashisaft ist, stark verdünnt, ein wunderbarer Flüssigdünger.

Tipp: Mische 100–150 ml Bokashisaft mit 10 Litern Wasser.

DAS SPART ZEIT!

Fülle deinen fertigen Bokashi in große Tonnen mit Erde und lasse ihn dort so lange vererden, bis du ihn benötigst. Das spart Zeit, denn du kannst mit dem Pflanzen direkt beginnen und musst keine zwei Wochen warten.

SO WIRD'S GEMACHT

01 Küchenabfälle in einem Gefäß mit Deckel sammeln, bis eine gewisse Menge zusammengekommen ist.

02 Küchenabfälle in den Bokashi-Eimer füllen und plattstampfen.

03 Den Inhalt mit effektiven Mikroorganismen besprühen.

04 Eine dünne Schicht Pflanzenkohle drüberstreuen.

05 Etwas Urgesteinsmehl obendrauf geben.

06 Wieder mit effektiven Mikroorganismen besprühen.

07 So geht es immer weiter, bis der Bokashi-Eimer voll ist. Wichtig ist, dass der Saft mindestens einmal pro Woche abgelassen wird. Man kann ihn in Flaschen sammeln, er hält sich etwa einen Monat im Kühlschrank.

STANDORT

Stelle den Bokashi-Eimer an einen Ort, an dem es nicht allzu warm ist, vielleicht in den Keller oder den unbeheizten Flur. Keine Sorge, solange der Deckel geschlossen ist, wirst du den Bokashi nicht riechen. Öffnest du den Eimer, riecht es wie nach Sauerkraut, mehr aber auch nicht.

WARTEZEIT

Ist der Eimer bis oben hin mit Küchenabfällen gefüllt, sollte er zwei bis vier Wochen lang stehen bleiben, um in Ruhe weiter fermentieren zu können. Danach bringst du die fermentierten Küchenabfälle in dein Beet aus und lässt diese ca. zwei bis drei Wochen lang vererden. Setze in dieser Zeit noch keine Pflanzen in das Beet, denn Bokashi ist sehr sauer, und das würden deine Pflanzen nicht gut vertragen.

FAZIT

Der Bokashi ist mein favorisierter selbst hergestellter Dünger. Deine Pflanzen werden es dir mit starkem, kraftvollem Wachstum danken.

BRENNNESSELJAUCHE

Entdeckst du im Frühjahr auch überall Brennnesseln an den Wegesrändern? Na dann, nichts wie ran und ernten! Wenn du biologisch gärtnern möchtest, kommst du eigentlich gar nicht an der Brennnesseljauche vorbei. Sie ist ein toller Stickstoffdünger und versorgt deine Pflanzen mit allem, was sie benötigen. Sie gilt unter Hobbygärtner*innen als Wunderheilmittel.

DAS SPART ZEIT!

Setze dir direkt eine größere Menge an Brennnesseljauche an, dann kommst du länger damit aus.

DAS BENÖTIGST DU

→ 1 kg Brennnesseln (achte darauf, dass sie noch nicht blühen!)

→ 10 l Regenwasser

→ Ca. 100 g Urgesteinsmehl

→ Eine große Tonne mit Deckel

TIPP

Eine alte, ausgediente Regentonne mit Deckel eignet sich prima für deine Brennnesseljauche.

SO BRAUST DU DIR DEIN EIGENES SÜPPCHEN

01 Die Brennnesseln gibst du zusammen mit dem Wasser und dem Urgesteinsmehl in die Tonne. Das Urgesteinsmehl bindet ein wenig den Geruch, damit es nicht allzu stark stinkt.

02 Jetzt rührst du die Brühe jeden Tag einmal um.

03 Nach ein paar Tagen bildet sich Schaum auf der Oberfläche. Der Gärprozess beginnt.

04 Sobald der Schaum weg ist, nach ca. ein bis zwei Wochen, ist die Jauche fertig. Dann kann gegossen werden: Mische die Brennnesseljauche 1:10, also 1 Liter Brennnesseljauche auf 10 Liter Gießwasser.

Deine Starkzehrer kannst du damit 1 Mal pro Woche düngen. An sehr heißen Tagen solltest du deine Pflanzen zuerst ganz normal wässern und anschließend mit der Brennnesseljauche nachgießen – ansonsten müsstest du ständig neue Jauche ansetzen.

WURMKISTE

Eine weitere Methode, um deine Küchenabfälle zu Dünger zu verarbeiten, ist die Wurmkiste. In diese gibst du **Gemüse- und Obstschalen, Kaffeesatz** und **Pflanzenreste** hinein. Die Kompostwürmer, die sich in dieser Kiste befinden, verarbeiten die organischen Abfälle zu wertvollem Wurmhumus.

Im Prinzip kannst du es dir so vorstellen: Die Würmer fressen deine Abfälle, welche durch deren Verdauungstrakt wandern. Dort werden sie zermahlen und mit Mikroorganismen angereichert. Ausgeschieden entsteht somit ein sehr guter Biodünger, den du für praktisch jede Pflanze nutzen kannst.

Deine Abfälle in der Wurmkiste werden zwar nicht so schnell verwertet wie im Bokashi-Eimer, für Kinder ist die Wurmkiste allerdings eine spannende Sache.

SO FUNKTIONIERT'S

01 In der Wurmkiste befindet sich ein Plastikkorb, in den die Abfälle hineinkommen. Sind die Würmer mit den Abfällen unter diesem Korb fertig mit Verwerten, kriechen sie in diese Kiste, um an die frischen Leckereien zu gelangen. Gib so lange Abfälle hinein, bis der Korb am oberen Rand der Kiste angekommen ist und alle Abfälle unter dem Korb schon gut verwertet wurden. Dann kannst du dir sicher sein, dass sich alle Würmer im Korb befinden.

02 Jetzt kannst du den Korb herausnehmen, den darunter liegenden, fertigen Wurmhumus ernten und in deine Beete ausbringen. Der Korb kommt dann mitsamt den Würmern wieder in die Wurmkiste und das Spiel geht wieder von vorne los.

TIPP

Eine Wurmkiste bekommst du bereits fertig zu kaufen oder du kannst dir ganz einfach mit wenigen Materialien eine eigene bauen.

SCHÄDLINGE IM GEMÜSEGARTEN

Nicht nur du isst das Gemüse, das du anbaust, gerne. Leider gibt es auch ein paar tierische Mitesser, die es auf deine kostbaren Früchte abgesehen haben. Ich stelle dir hier ein paar der häufigsten Schädlinge vor, die dir hin und wieder im Garten begegnen können.

NATÜRLICHE MITTEL ZUR SCHÄDLINGSBEKÄMPFUNG

Viele Schädlinge lassen sich mit einfachen Haushaltsmitteln, wie Spüli- oder Milchlösungen, vertreiben. Das spart dir den Gang ins Gartencenter und ist um einiges besser als irgendwelche Chemiekeulen, die du mit Sicherheit nicht im Gemüsegarten haben möchtest.

SO GEHT'S:

01 **Rezept Spüli-Lösung:** Mische 500 ml Wasser mit 5 ml Spüli.

Rezept Milch-Lösung: Mische 500 ml Wasser mit 250 ml fettarmer Milch

02 **Anwendung:** Die jeweiligen Lösungen gut mischen und täglich sprühen.

AMEISEN

Sie sind vor allem dort zu finden, wo sich Blattläuse angesiedelt haben. Ameisenbefall erkennt man anhand von Fraßschäden am Gemüse und der Ameisenstraße.

WIE KANN MAN SIE BEKÄMPFEN?

→ Zimt verstreuen

→ Umgedrehten Topf mit Erde auf das Nest legen, um sie umzusiedeln

→ Wiederholte Wasserduschen

→ Ausbringen von Brennnesseljauche

NATÜRLICHE FEINDE

Vögel, Kröten, Schlangen, Spinnen

BLATTLÄUSE

Die millimetergroßen, ovalrunden Insekten in Schwarz, Grün oder Orange saugen den Pflanzensaft an Blättern und Trieben, was zu Missbildungen führt. Sie sind meist auf den Blattunterseiten zu finden und ziehen weitere Schädlinge wie Ameisen an.

WIE KANN MAN SIE BEKÄMPFEN?

→ Mit einem Wasserstrahl absprühen

→ Bei starkem Befall mit einer Spüli-Lösung besprühen

NATÜRLICHE FEINDE

Marienkäfer, Florfliegen, Schwebfliegen, Singvögel

SPINNMILBEN

Die kleinen weißen, spinnenartigen Tierchen findet man auf den Blattober- und -unterseiten. Sie spinnen feine Netze zwischen den Blattachseln der Pflanze. Durch ihren Befall werden die Blätter weiß-silbrig bis braun und sterben ab.

WIE KANN MAN SIE BEKÄMPFEN?

→ Tägliches Abduschen der kompletten Pflanze

→ Mit Neemöl besprühen

→ Stark befallene Pflanzenteile entfernen

NATÜRLICHE FEINDE

Marienkäfer, Raubkäfer, Schlupfwespen

SCHNECKEN

Nacktschnecken sind besonders gefräßig und können über Nacht ein halbes Beet leeren.

WIE KANN MAN SIE BEKÄMPFEN?

→ Schneckenkragen einsetzen: Sie schützen deine Jungpflanzen zuverlässig vor Schnecken, da sie den abgeknickten Kranz nicht überwinden können und somit nicht an deine Pflanzen gelangen.

→ Zerbröselte Eierschalen um die Pflanze streuen

→ Bei Dämmerung absammeln und sehr weit wegbringen

NATÜRLICHE FEINDE

Hühner, Igel, Kröten

GEMÜSEFLIEGE

Es gibt die Zwiebelfliege, Kohlfliege und Möhrenfliege und diese legen jeweils ihre Eier bevorzugt an diesen Kulturen ab. Durch die Larven werden Fraßschäden an Wurzeln und Pflanzenteilen verursacht.

WIE KANN MAN SIE BEKÄMPFEN?

→ Mit Spüli-Lösung besprühen

→ Gelbtafeln aufhängen (bitte nicht draußen, da sonst auch andere Insekten kleben bleiben)

NATÜRLICHE FEINDE

Schlupfwespen, Raubkäfer

WEISSE FLIEGE

Die kleinen weißen Fliegen sitzen oft auf den Blattunterseiten und saugen den Pflanzensaft aus. Dadurch werden die Blätter gelbfleckig und fallen ab.

WIE KANN MAN SIE BEKÄMPFEN?

→ Mit Spüli-Lösung besprühen

→ Gelbtafeln aufhängen (bitte nicht draußen, da sonst auch andere Insekten kleben bleiben)

NATÜRLICHE FEINDE

Schlupfwespen, Raubwanzen

KOHLWEISSLING

Diese weißen Falter mit schwarzen Flecken auf den Flügeln legen ihre Eier auf Kohlpflanzen ab. Die blaugrünen Raupen verursachen Fraßschäden.

→ weiße Falter mit schwarzen Flügelflecken

→ legen ihre Eier auf Kohlpflanzen ab

→ blaugrün gefärbte Raupen verursachen Fraßschäden

WIE KANN MAN IHN BEKÄMPFEN?

→ Bei leichtem Befall Raupen absammeln

→ Feinmaschiges Gemüseschutznetz einsetzen

NATÜRLICHE FEINDE

Schlupfwespen, Vögel

DRAHTWÜRMER

Die Larven der Schnellkäfer sind 1,5–2 cm lang, dünn und rund. Sie fressen unterirdisch die Wurzeln von Salatpflanzen, Zwiebeln, Möhren und weiteren Pflanzen.

WIE KANN MAN SIE BEKÄMPFEN?

→ Mit einer halbierten Kartoffel ködern, Schnittstelle 2 cm tief in die Erde drücken

→ Gute Lockerung des Bodens hilft vorbeugend

NATÜRLICHE FEINDE

Hühner, Vögel, Igel, Spitzmäuse

FADENWÜRMER

Die winzigen Würmer befallen Wurzeln, Triebe, Blätter und Früchte. Erkennen kann man den Befall an einem Kümmerwuchs und Missbildungen an der Pflanze, bis hin zum Absterben.

WIE KANN MAN SIE BEKÄMPFEN?

→ Vorbeugend wirken Fruchtwechsel und Mischkultur

→ Studentenblumen, auch Tagetes genannt, pflanzen

NATÜRLICHE FEINDE

Pilze, Raubmilben, Raubnematoden

WÜHLMÄUSE

Diese Nagetiere fressen fast alles.

WIE KANN MAN SIE BEKÄMPFEN?

→ Einsatz von Wühlmausscheuchen

→ Lebendfalle

→ Knoblauchsud sprühen

NATÜRLICHE FEINDE

Katze, Hunde, Marder, Greifvögel

HINWEIS

Die „Chinesische Reiswanze" breitet sich stark in Deutschland aus. Leider hilft da nur absammeln, sobald du welche entdecken solltest. Sie saugen dein Gemüse aus und machen es ungenießbar.

DIY

SCHÄDLINGSSCHUTZ FÜR DEIN HOCHBEET

TIPP

Installiere die Netze direkt zu Beginn, wenn du die Pflanzen in dein Beet setzt. So hat kein Schädling die Chance, an dein Gemüse zu kommen, und du kommst nicht in Bedrängnis, schnell zu handeln, sollte sich mal ein Kohlweißling in deinem Garten sehen lassen.

Leider kann es trotz Mischkultur vorkommen, dass sich Schädlinge über dein Gemüse hermachen. Da hilft es bei einigen Kulturen, die keine Bestäuber an ihren Blüten benötigen, wie Kohl oder Möhren, ein Gemüseschutznetz einzusetzen. Beim Hochbeet gibt es eine tolle Variante, wie du das Netz montieren kannst.

Das benötigst du (Beet-Maße: 200 x 120 cm):

- → 4 Elektroinstallationsrohre M16, 2 m lang
- → 8 Pflanzstäbe oder Metallstangen, ca. 90 cm lang, 11 mm Durchmesser
- → Gemüseschutznetz, mindestens 3 x 2 m, Maschenweite ca. 0,75 mm

So geht's

01 Stecke 4 Pflanzstäbe, jeweils an den langen Seiten, in gleichen Abständen zueinander am Rand des Hochbeetes bis zur Hälfte in die Erde.

02 Jetzt kannst du spielend leicht die Elektroinstallationsrohre rund biegen und diese auf beiden Seiten über die Pflanzstäbe stülpen.

03 Lege das Gemüseschutznetz darüber und fixiere es an den Seiten mit Steinen oder Metallstangen, damit das Beet komplett geschlossen ist und kein Schädling mehr durchkommen kann.

TIPP

Bitte versuche nicht, die Installationsrohre im Winter draußen zu biegen, da sie bei kühlen Temperaturen schnell brechen können.

IST DEINE PFLANZE KRANK?

Neben den bereits erwähnten Schädlingen gibt es leider auch einige Pflanzenkrankheiten, die eventuell an deinen Pflanzen auftauchen könnten. Ich fasse dir hier einmal die gängigsten zusammen und zeige dir, worauf du achten solltest.

Pflanzenkrankheiten	Auftreten	Schadbild	Bekämpfung
Echter Mehltau	→ Häufig bei Gurken → Heiße Sommer mit Taubildung bei Nacht fördern den Befall	→ Mehlartiger, weißer Belag auf der Blattoberseite	→ Frischmilch 1:8 mit Wasser mischen und alle paar Tage die Pflanze besprühen
Falscher Mehltau	→ Häufig bei Tomaten, Salat, Erdbeeren und Kartoffeln → Tritt bei kalter, feuchter Witterung auf	→ Blätter und Früchte weisen Flecken und faule Stellen auf → Weißer Pilzrasen und Sporenbelag auf den Blattunterseiten	→ Für gute Belüftung sorgen → Für rasches Abtrocknen nach einem Regen sorgen
Kohlhernie	→ Besonders beim Kohl → An allen weiteren Kreuzblütlern → Die Sporen können viele Jahre im Boden überleben	→ Der Schleimpilz dringt in die Wurzel und verursacht krebsartige Wucherungen	→ Ein konsequenter Fruchtwechsel ist das A und O → Saatgut resistenter Sorten wählen → Befallene Pflanzenteile sofort entfernen, aber nicht auf den Kompost geben!

ECHTER MEHLTAU

Pflanzenkrankheiten	Auftreten	Schadbild	Bekämpfung
Kraut- & Braunfäule	→ Tritt besonders bei Tomaten und Kartoffeln auf → Entsteht durch feuchtwarme Witterung	→ Braune Flecken an Blättern → Früchte faulen ab → Pflanze geht nach ein paar Tagen bereits ein	→ Auf Pflanzabstände achten, nicht zu dicht pflanzen → Tomaten ausgeizen, damit die Pflanze nach einem Regenschauer gut abtrocknen kann → Untere Tomatenblätter, die den Boden berühren, entfernen → Die betroffenen Pflanzenteile sofort entfernen – nicht auf den Kompost werfen! → Scheren und andere Werkzeuge vor dem nächsten Gebrauch desinfizieren
Blütenendfäule	→ Tritt besonders bei Tomaten auf → Ist keine Krankheit, eher eine Mangelerscheinung	→ Am Blütenansatz treten braune Stellen auf, angefangen mit einem kleinen, braunen Punkt bis hin zur halb braunen, faulen Tomate	→ Eventueller Kalziummangel → Eventuell zu hoher Stickstoffgehalt → Eventuell zu wenig gegossen
Gurkenmosaikvirus	→ Betroffen sind vor allem Gurken, Kürbis, Zucchini und Melonen → Wird insbesondere durch Blattläuse verursacht	→ Gelb-fleckige mosaikartige Flecken an den Blättern → Verformungen an jungen Blättern und Früchten	→ Blattläuse entfernen → Auf resistente Sorten zurückgreifen → Stark befallene Pflanzen komplett entsorgen, aber nicht auf den Kompost geben!

SONNENBRAND UND ENTSTEHENDE FÄULNIS

BLÜTEN-ENDFÄULE

DAS SPART ZEIT!

Gehe von Zeit zu Zeit durch deine Beete und schaue dir deine Pflanzen genau an. Oft lässt sich ein Schädlings- oder Krankheitsbefall früh erkennen und du kannst noch im Frühstadium schnell für Abhilfe sorgen.

KAPITEL 05

Keine ZEIT zu NASCHEN

Dein Hochbeet steht, dein Gemüse wächst wie verrückt und deine Ernte eskaliert förmlich? Diesen Zustand kenne ich nur zu gut und oft stand ich vor einer riesigen Ernte und fragte mich, was ich damit alles nur anstellen soll. Ich zeige dir in diesem Kapitel, was du aus deiner Ernte Leckeres zaubern kannst.

MACH DEINE ERNTE HALTBAR

Meist ist der Erntekorb so voll, dass die Menge an Gemüse gar nicht sofort gegessen werden kann. Damit du auch im Winter die Möglichkeit hast, sonnengeküsste Tomaten und aromatische Zucchini in Form eines leckeren Sugos oder einer Suppe zu genießen, verrate ich dir einige Tipps zum Haltbarmachen deiner Früchte.

Diese Möglichkeiten hast du, um deine Ernte haltbar zu machen:

- → Einfrieren
- → Dörren
- → In Öl einlegen
- → Fermentieren
- → Einmachen
- → Einwecken

EINFRIEREN

Folgendes Gemüse lässt sich gut einfrieren:

- → Bohnen
- → Erbsen
- → Zucchini
- → Lauch
- → Rosenkohl
- → Schnittlauch

TIPP

Streue über die Zucchiniwürfel Salz und lass es für 10 Minuten einwirken. Tupfe das entstandene Wasser anschließend mit einem Küchenkrepp ab. Das Salz entzieht der Zucchini Wasser, dann ist sie nach dem Auftauen nicht so matschig.

DIESE KRÄUTER KANNST DU FÜR DEINEN WINTERVORRAT TROCKNEN

→ Kamille

→ Waldmeister

→ Lavendel

→ Majoran

→ Oregano

→ Thymian

→ Salbei

→ Rosmarin

→ Minze

→ Melisse

→ Bohnenkraut

→ Dill

→ Petersilie

→ Schnittlauch

→ Basilikum

DÖRREN

Vor allem Kräuter und Obst lassen sich super im Dörrautomaten oder im Backofen trocknen. So kannst du dich für den ganzen Winter mit eigenen Gartenkräutern in deiner Küche eindecken.

→ Kräuter sollten bei 40 °C gedörrt werden, höhere Temperaturen lassen deine Kräuter ungenießbar werden.

→ Dauer: ca. 2–5 Stunden

→ Die Kräuter sollten nicht zu sehr übereinander liegen, da sie sich so nicht gut trocknen lassen.

TIPP

Du kannst die Kräuter auch zu einem Bündel binden und an einem luftigen, dunklen Ort zum Trocknen aufhängen. Die Trocknung dauert natürlich deutlich länger als im Dörrautomaten oder Backofen.

Tomaten lassen sich prima haltbar machen.

TIPP

Mit einem Solartrockner hast du sogar die Möglichkeit, dein Gemüse mithilfe der Sonnenkraft zu dörren.

IN ÖL EINLEGEN

Da Öl als natürliches Konservierungsmittel fungiert, eignet es sich hervorragend zum Haltbarmachen deiner Ernte. Achte dabei allerdings darauf, dass der komplette Glasinhalt mit Öl bedeckt ist. Stelle die Gläser in den Kühlschrank, dort lassen sie sich ca. 2 Wochen lagern.

FERMENTIEREN

Beim Fermentieren benötigst du keine Hitze. So bleiben Nährstoffe und Vitamine in deinem Gemüse erhalten und versorgen dich auch während der Wintermonate mit wichtigen Nährstoffen. Vor allem Kohl, Wurzelgemüse, Rote Bete und Bohnen lassen sich super fermentieren. Für die Fermentation benötigst du nicht viele Utensilien. Dein gewähltes Gemüse, Salz und ein Glas oder ein Topf, aus dem Luft entweichen kann. Gläser mit Bügel lassen sich zum Beispiel dafür sehr gut verwenden. Denn hier können die Gärgase, die während der Fermentation entstehen, entweichen – und das ist sehr wichtig.

Die Gläser sollten während der Fermentation bei einer Raumtemperatur von ca. 15–18 °C gelagert werden.

EINMACHEN

Einmachen lässt sich vor allem Obst sehr gut. Der Unterschied zum Einwecken besteht darin, dass du das Obst kochst, heiß in sterile Gläser abfüllst und mit geschlossenem Deckel erkalten lässt. So lassen sich vor allem Gelees und Marmeladen sehr gut haltbar machen.

TIPP

Bitte stelle die Gläser nicht auf den Kopf – dies ist ein weitverbreiteter Irrglaube. Das Vakuum entsteht auch so, wenn du die Marmelade heiß einfüllst und den Deckel sofort verschließt.

EINWECKEN

Am allerliebsten wecke ich mein Gemüse ein. Ob Soßen, Suppen oder süß-sauer eingelegte Zucchini – da werden dir (fast) keine Grenzen gesetzt.

An das Thema Einwecken musst du dich wahrscheinlich erst einmal ein wenig rantasten, solltest du noch blutige*r Anfänger*in sein, denn es gibt einiges zu beachten. Hältst du dich an die wesentlichen Dinge, dürfte aber nichts schiefgehen.

ACHTUNG! BITTE MACH DICH VORHER MIT DEM THEMA BOTULISMUS BEKANNT.

BOTULISMUS

Botulismus ist eine Krankheit, die durch Bakterien ausgelöst wird, die eigentlich recht harmlos sind, jedoch Toxine freisetzen können, die giftig sind. Daher ist es umso wichtiger, deine Speisen richtig einzuwecken. Hier spielen vor allem Einweckzeit und -temperatur sowie Sauberkeit eine ganz große Rolle – deiner Gesundheit zuliebe!

MATERIAL

Zum Einwecken benötigst du folgendes Zubehör:

→ Einkochautomat

→ Weckgläser mit Deckel, Gummis und Klammern oder Gläser mit Drehverschlussdeckel

→ Glasheber

SO GEHT'S

01 Bevor es mit dem Einwecken losgeht, sollte alles gut vorbereitet werden:

→ Hände waschen!

→ Gläser, Deckel und Gummis heiß ausspülen.

→ Die Gläser danach bei 120 °C für 15 Minuten in den Backofen stellen, um sie zu sterilisieren.

→ Die Gummis für 10 Minuten in Essigwasser auskochen, ein Schuss Essig im Kochwasser reicht aus.

→ Gummis an der Luft trocknen lassen.

→ Das Einkochgut, deine fertig gekochte Tomatensoße als Beispiel, so sauber wie möglich in die Gläser füllen.

Deckel mit Gummi drauf, die Glasränder sollten sauber sein.

→ 2 Klammern pro Glas zum Befestigen nehmen.

→ Gläser in den Einkochautomaten stellen.

TIPP

Die (obersten) Gläser sollten zu zwei Dritteln im Wasser stehen.

TIPP

Das Wasser im Einkochautomaten sollte am Anfang des Einweckvorgangs in etwa die gleiche Temperatur haben, wie es das Einkochgut hat.

02 Sobald die Zeit und Temperatur eingestellt sind und der Einkochtopf das Wasser erhitzt, fängt auch schon der Einkochprozess an. Der Deckel des Einkochautomaten sollte während der gesamten Einkochzeit geschlossen bleiben.

03 Ist der Einkochvorgang beendet, sollten die Gläser sofort mit dem Glasheber aus dem Wasser geholt werden und für 24 Stunden auf einem Küchentuch – nebeneinander, nicht übereinander gestapelt – auskühlen. Während dieser 24 Stunden sollten die Gläser nicht bewegt werden und die Klammern auch nicht entfernt werden – denn jetzt bildet sich das Vakuum.

TIPP

Beim Befüllen der Gläser sollte immer Luft zum Deckel gelassen werden, am besten 2–3 cm.

Hast du das Einkochgut richtig eingekocht, Temperatur und Einkochdauer berücksichtigt und sauber gearbeitet, dann wird sich dein Einkochgut lange halten. Die Gläser sollten kühl und dunkel gelagert werden.

Rezept

FERMENTIERTE SALZZITRONEN

Zitronen lassen sich als Salzzitronen super fermentieren. Kombiniere sie zu Pastagerichten oder verarbeite sie zu Dressing für deinen Salat. Du wirst eine Geschmacksexplosion erleben – versprochen!

ZUTATEN

→ Zitronen in Scheiben

→ Salz

→ Öl

SO GEHT'S:

01 Die Zitronenscheiben in ein Glas schichten und zwischen jede Schicht 1 TL Salz geben.

02 Das ganze mit Öl bedecken und fermentieren lassen.

Um dir einen kleinen Überblick zu geben, welches Gemüse zu welchen Temperaturen eingeweckt werden sollte, habe ich dir eine Liste zusammengestellt.

TABELLE EINWECKZEIT & -TEMPERATUREN

Kategorie	Einweckgut	Minuten	Temperatur
Gemüse	Wurzelgemüse (Möhren, Sellerie, Rüben ...)	120 Min.	100 °C
	Kartoffeln	120 Min.	100 °C
	Blumen- und Rosenkohl	90 Min.	100 °C
	Kohl	120 Min.	100 °C
	Kürbis und Hülsenfrüchte	120 Min.	100 °C
	Wurzelgemüse zerkleinert	90 Min.	100 °C
	Pilze, alle anderen Gemüsesorten	90 Min.	100 °C
	Tomatensoße	30 Min.	100 °C
	Tomatenketchup und -mark	30 Min.	90 °C
	Gurken, Zwiebeln, Salat mit Essig	30 Min.	90 °C
	Gemüse mit Fleisch	120 Min.	100 °C
	Gemüsesuppe mit Fleisch	120 Min.	100 °C
	Gemüsesuppe ohne Fleisch	90 Min.	100 °C
Obst	Fruchtmus, Früchte	30 Min.	90 °C
	Rhabarber-Kompott	30 Min.	100 °C
	Saft und Sirup	30 Min.	90 °C
Fleisch & Fisch	Alle Sorten, Wurst, Frikadellen, Schnitzel, Fisch gut durchgaren!!	120 Min.	100 °C
Kuchen & Brot	Brot und Kuchen im Glas Im Backofen im Glas backen und nach dem Abkühlen einwecken	30 Min.	100 °C

SO LANGE HÄLT SICH DEIN ERNTEGLÜCK IM GLAS

In dieser Tabelle kannst du dir einen Überblick darüber verschaffen, wie lange die verarbeiteten Lebensmittel etwa haltbar sind. Gelee und Konfitüre halten am längsten, während du Grütze relativ schnell aufbrauchen musst.

Lebensmittel	Haltbarkeit
Gelee	1 Jahr
Grütze	3–4 Wochen
Konfitüre 2:1 Gelierzucker	6 Monate
Konfitüre 1:1 Gelierzucker	1 Jahr
Eingewecktes Obst	1 Jahr
Eingewecktes Gemüse im Sud	8 Monate
Eingewecktes Gemüse in Öl	3–4 Monate

AUCH SALZIG EINGELEGTE TOMATEN SCHMECKEN NEBEN DEN ALTBEKANNTEN GEWÜRZGURKEN EINFACH FABELHAFT!

ACHTUNG!

Achte bitte dennoch vor Verzehr auf Optik und Geruch der Speisen. Hast du vielleicht doch nicht so sauber gearbeitet, wie du denkst, oder Temperatur/Einkochdauer waren nicht korrekt, können sich schnell Keime im Glas vermehren und deine Speisen werden ungenießbar.

MEINE LIEBSTEN REZEPTE

Ich freue mich, dir hier eine kleine Auswahl meiner liebsten Rezepte mit auf den Weg zu geben. So kannst du auch einen guten Teil deiner Ernte zu wirklich tollen Köstlichkeiten verarbeiten.

REZEPT

PFIRSICH-BURRATA-SALAT

Er ist nicht nur eine Augenweide, sondern auch noch richtig lecker und fruchtig. Einfach eine Geschmacksexplosion!

Zutaten

- → Rucola
- → Kirschtomaten
- → Pfirsiche
- → Burrata
- → frischer Basilikum
- → etwas Salz und Pfeffer
- → Olivenöl
- → Balsamicocreme
- → Pinienkerne (nach Belieben)

So geht's

01 Salat waschen und Tomaten halbieren.

02 Pfirsiche in Scheiben schneiden und anbraten, bis sie braun sind.

03 Alles zusammen in eine Schüssel geben, den Burrata in Stücke reißen und verteilen.

04 Mit Olivenöl, Balsamicocreme und Gewürzen verfeinern und genießen!

ZUCCHINI SÜSS-SAUER

Deine Zucchinipflanzen geben alles und du kommst überhaupt nicht mehr hinterher, die Zucchinischwemme zu verarbeiten? Hier habe ich ein ganz tolles Rezept für eingelegte Zucchini für dich.

Zutaten

- → 2 kg Zucchini
- → 4 rote Paprikaschoten
- → 4 Zwiebeln
- → 1 l Weinessig
- → ½ EL Gurkeneinmachgewürz
- → 1 TL Kurkuma
- → 5 TL Salz
- → 400 g Zucker
- → 1–2 Knoblauchzehen pro Glas

So geht's

01 Das Gemüse waschen und in mundgerechte Stücke schneiden.

02 Die Knoblauchzehen in die Gläser verteilen.

03 Das gestückelte Gemüse mit den restlichen Zutaten und 1 Liter Wasser in einen Topf geben und 5 Minuten kochen lassen.

04 Heiß in sterile Gläser abfüllen und Vakuum ziehen lassen.

TIPP

Du kannst die Zucchini auch in Weckgläsern einwecken. 30 Minuten bei 90 °C. Mit den genannten Mengen kannst du ca. 19 Gläser à 370 ml füllen.

VERZEHRTIPP

Die eingelegte Zucchini schmeckt ganz toll als Beilage zum Abendbrot oder zum Grillen. Auch als Ofengemüse kann sie sehr gut genutzt werden.

REZEPT

TOMATEN-SUGO

Deine Tomatenernte wird immer größer und größer? Na, dann mach doch leckere Tomatensoße daraus. Aus dieser Grundsoße kannst du Bolognese oder eine leckere Lasagne zaubern, und muss es mal schnell gehen, hast du immer fertige Tomatensoße im Vorratsschrank stehen.

Zutaten

→ ein paar Stücke Butter
→ 7–8 gewürfelte Zwiebeln
→ 4–6 Knoblauchzehen
→ 4 kg Tomaten
→ 4 TL Zucker
→ 3 TL Salz
→ 2 TL Pfeffer
→ eine gute Handvoll Basilikum

So geht's

01 Zwiebeln und Knoblauch würfeln.

02 Die Zwiebeln und den Knoblauch mit ein paar Stücken Butter in einem großen Topf andünsten.

03 Tomaten in größere Stücke schneiden, mit in den Topf geben und 10 Minuten köcheln lassen.

04 Mit Salz, Pfeffer und Zucker abschmecken.

05 Basilikum kleingeschnitten mit in den Topf geben und weitere 15 Minuten köcheln lassen.

06 Danach die Soßen entweder mit einem Pürierstab oder in einem Mixer pürieren.

07 In saubere Schraubgläser abfüllen und bei 100 °C für 60 Minuten einwecken.

TIPP

Für die Soße nehme ich gerne die Saftflaschen von Weck, die sind auch ideal für Soßen. Diese Mengenangaben reichen zum Befüllen folgender Flaschengrößen: 3 x 1062 ml, 2 x 530 ml, 3 x 290 ml

REZEPT

ZUCCHINI-SCHOKO-KUCHEN

Hier habe ich noch ein weiteres, unfassbar leckeres Rezept, wenn du mal wieder nicht weißt, was du mit deinen ganzen geernteten Zucchinis anstellen sollst.

Zutaten

- → 200 g Zucchini (mit Schale)
- → 120 g Butter
- → 150 g Zucker
- → 3 Eier (Größe M)
- → 150 g Mehl Type 405
- → ½ Pck. Backpulver
- → 200 g Zartbitter Kuvertüre
- → 3 leicht gehäufte EL Backkakao
- → 2 Prisen Salz
- → nach Bedarf: Puderzucker oder Kuvertüre als Topping
- → runde Backform, 26 cm Durchmesser

So geht's

01 Butter in einem Topf zerlassen, bis sie zerläuft.

02 Kuvertüre fein hacken und zur Butter geben. So lange umrühren, bis die Kuvertüre komplett geschmolzen ist.

03 Die Kuvertüre in eine große Rührschüssel geben und Kakao und Zucker unterrühren.

04 Die Zucchini waschen, längs halbieren und dabei die Kerne entfernen.

05 Entweder die Zucchini mit einer Reibe fein reiben oder mit einem Mixer fein schreddern. Die anfallende Flüssigkeit nicht wegschütten, sie kommt mit in den Teig.

06 Ofen auf 170 °C Umluft vorheizen.

07 Die zerkleinerte Zucchini mit den Eiern und dem Salz in die Teigmasse einrühren.

08 Mehl und Backpulver hinzufügen und verrühren.

09 Teig in eine runde Backform streichen und ca. 15–20 Minuten backen.

TIPP

Lass den Kuchen nicht zu lange backen, dann bleibt er schön saftig.

REZEPT

FERMENTIERTE ROTE ZWIEBELN

Nicht nur Sauerkraut schmeckt nach dem Fermentieren besonders gut, du kannst auch Zwiebeln fermentieren und sie dadurch haltbar und lecker zugleich machen.

Zutaten

- → 500 g rote Zwiebeln
- → 200 ml Apfelessig
- → 250 ml heißes Wasser
- → 1½ TL Salz
- → 1½ TL Zucker
- → ½ TL Senfkörner

So geht's

01 Die Zwiebeln in ganz dünne Ringe schneiden.

02 Die Ringe fest in ein Glas drücken.

03 Das Wasser aufkochen.

04 Die restlichen Zutaten in das kochende Wasser einrühren, bis sich der Zucker und das Salz aufgelöst haben.

05 Im Anschluss die heiße Brühe in das Zwiebelglas schütten – die Zwiebeln sollten vollständig bedeckt sein!

06 Den Deckel schließen und etwas schütteln.

07 Das Glas kühl und dicht verschlossen in den Kühlschrank stellen.

08 Nach 2 Wochen Reifezeit die Zwiebeln genießen.

TIPP

Am besten eignen sich hier 750 ml Gläser mit Drahtbügelverschluss und Dichtung.

AJVAR

Wenn du Ajvar auch so sehr liebst wie ich, dann solltest du ihn unbedingt mal selber machen. Das Geschmackserlebnis ist einfach unvergleichbar. Vor allem schmeckt er köstlich zu Reis- und Fleischgerichten.

Zutaten

- → 3 rote Paprika
- → 1 Aubergine
- → 4 Knoblauchzehen
- → 40 g Kräuteressig
- → 20 g Wasser
- → 50 g Rapsöl
- → 1 TL Salz
- → 1 TL Zucker
- → 1 Chilischote (nach Belieben)

So geht's

01 Knoblauch zerkleinern und in einen Topf geben.

02 Paprika in Stücken hinzugeben und mit einem Pürierstab oder vorher im Mixer pürieren.

03 Die restlichen Zutaten dazugeben und für ca. 20 Minuten köcheln lassen.

04 Zum Abschluss noch einmal alles fein pürieren und in sterile Gläser abfüllen.

TIPPS

Die Menge reicht für ca. 5 Gläser à 250 ml.

Wecke sie für 30 Minuten bei 90 °C ein, dann ist dein Ajvar lange haltbar.

REGISTER

L

M

N

O

P

R

S

T

U

V

W

Z

ÜBER DIE AUTORIN

Jessica Achtsnicht liebt es einfach, sich im Garten die Hände schmutzig zu machen. Ob beim Bau eines Hochbeets, beim Unkrautzupfen oder beim Ansetzen von Brennnesseljauche – es gibt viel zu tun im Garten! Unter dem Namen @lauseblattwerk teilt Jessica ihr Wissen und ihre Erfahrungen auf ihren Social-Media-Kanälen und ihrem Gartenblog und bringt so begeisterten Leser*innen den Alltag im Gemüsegarten näher.

→ **Instagram:** @lauseblattwerk

→ **Food-Account Instagram:** @jessis_gartenkueche

→ **YouTube:** @lauseblattwerk

→ **TikTok:** @lauseblattwerk

→ **Pinterest:** @lauseblattwerk

→ **Website:** www.lauseblattwerk.de

DANKSAGUNG

Ohne die Hilfe und Unterstützung meiner Familie hätte ich dieses Buch sehr wahrscheinlich gar nicht schreiben können. Aus diesem Grund stehen mein Mann und meine beiden Töchter an erster Stelle: Ich danke euch von ganzem Herzen, dass ihr mir den Rücken freigehalten habt und ich mir meinen Traum vom eigenen Buch verwirklichen konnte. Auch ein großer Dank geht an meine Schwester, Sandra Volmer, die mich mit ihrer Kamera begleitet hat und mein Buch mit wirklich wundervollen Bildern zu einem wahren Hingucker gemacht hat (schaut da unbedingt mal bei volbild.de vorbei, solltet ihr nach einer talentierten Fotografin im Kölner Raum suchen!).

Natürlich möchte ich mich auch beim EMF Verlag bedanken, insbesondere bei Saskia Hauck, die mich durch mein Herzensprojekt „Das erste eigene Gartenbuch" begleitet hat und mir mit Rat und Tat zur Seite stand. Außerdem möchte ich mich bei der Grafikerin Silvia Keller bedanken: Ohne dich wäre das Buch nicht mal halb so schön geworden.

Ein richtig fettes Dankeschön geht an dieser Stelle an die weltbeste Garten-Community raus! Ihr seid einfach der Wahnsinn! Vielen Dank für euren Support, euren Zuspruch und einfach, dass ihr da seid! Ich danke euch von Herzen, dass ihr mich tagtäglich auf meinen Gartenmissionen begleitet und mich immer wieder aufs Neue umhaut. Dankeschön!

IMPRESSUM

Bibliografische Information der Deutschen Bibliothek.

Die Deutsche Bibliothek verzeichnet diese Publikation in der Deutschen Nationalbibliografie.

Detaillierte bibliografische Daten sind im Internet über http://www.dnb.de/ abrufbar.

EIN BUCH DER EDITION MICHAEL FISCHER

1. Auflage 2024

Cover, Layout & Satz: Silvia Keller

Redaktion und Lektorat: Saskia Hauck

Korrektorat: Katharina Raub

Bildnachweis:

Alle Bilder von der Autorin und Sandra Volmer, mit Ausnahme der Folgenden: Ameisen (S. 116): © Arjo Sen/Shutterstock, Gemüsefliege (S. 118): © ULD altmedia/Shutterstock, Fadenwürmer (S. 119): © Nantapop/Shutterstock, Maus (S. 119): © Monika Surzin/Shutterstock.

Illustrationen: Hintergrundstruktur limettengrün: © Paladin12/Shutterstock; Hintergrundstruktur dunkelgrün und Beetpläne: © Madredus/Shutterstock; farbige Illustrationen: © GoodStudio/Shutterstock.

ISBN 978-3-7459-1658-4

Gedruckt bei PNB Print SIA „Jansili", Silakrogs, Ropazu novads, LV-2133, Lettland

www.emf-verlag.de